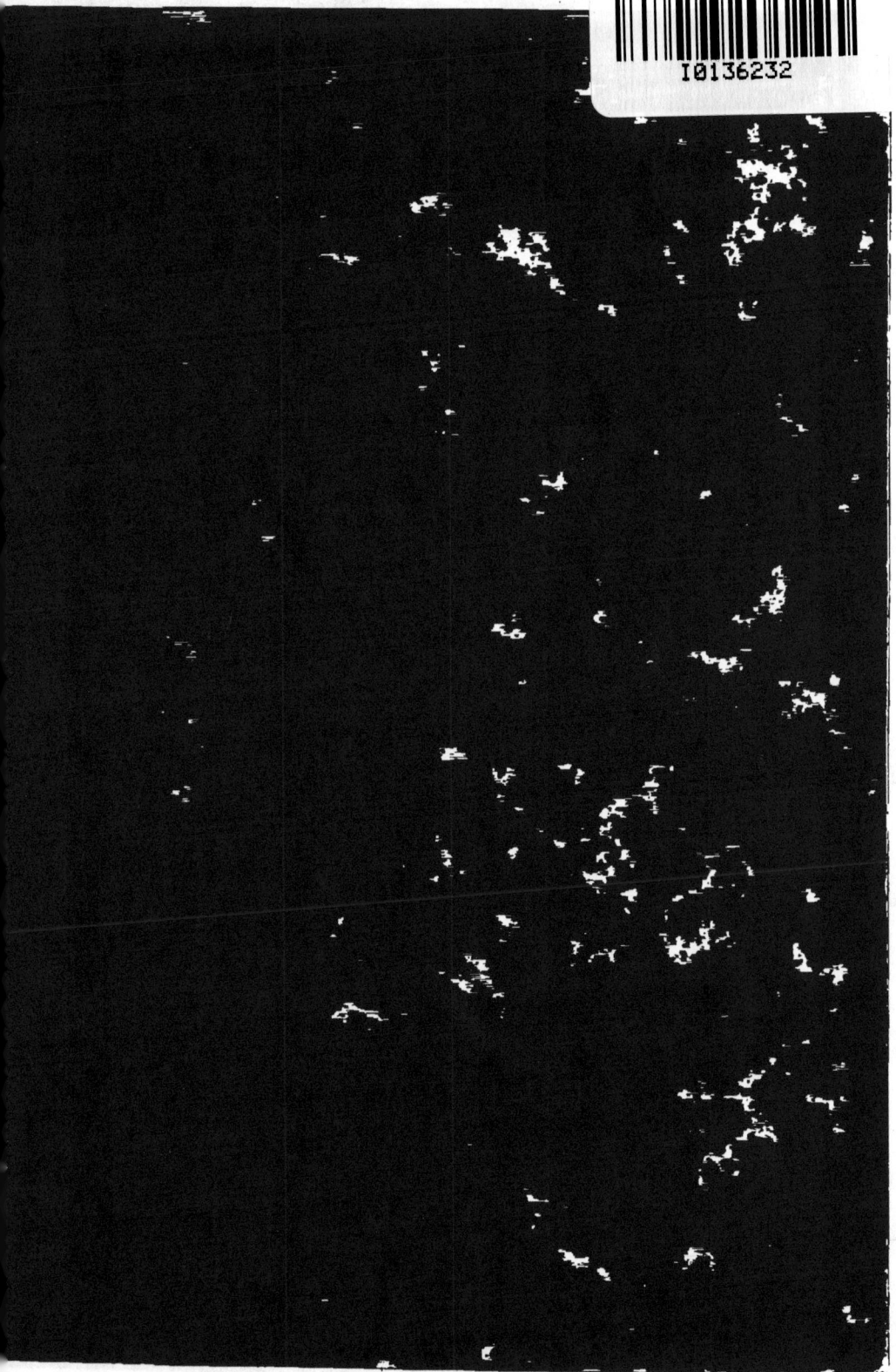

I0136232

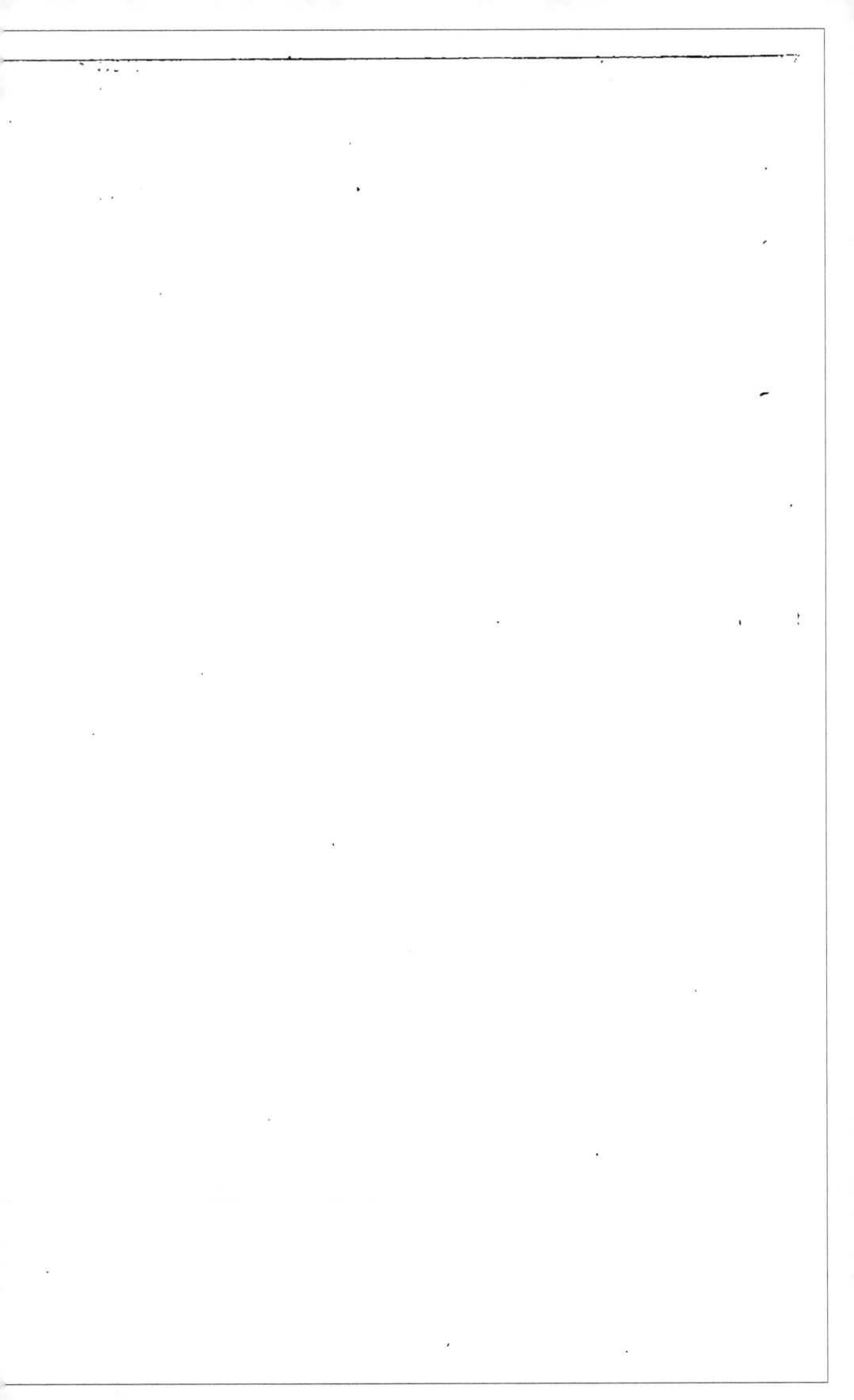

DISSERTATION

SUR

LE PÈLERINAGE CHRÉTIEN.

7

LK 3440

Vu par nous et permis d'imprimer.
Montauban, le 4 septembre 1855.

† JEAN-MARIE,
Évêque de Montauban.

DISSERTATION

SUR LE

PÈLERINAGE CHRÉTIEN,

SUIVIE D'UNE

NOTICE SUR LAPEYRIÈRE,

PAR

L'Abbé Bezaudun,

CHANOINE.

Cantabiles mihi erant justificationes tuæ in loco peregrinationis
meæ. — *Ps*., 18.

MONTAUBAN,

IMPRIMERIE DE FORESTIÉ NEVEU ET Cie,

PLACE DE L'HORLOGE, 36.
1855

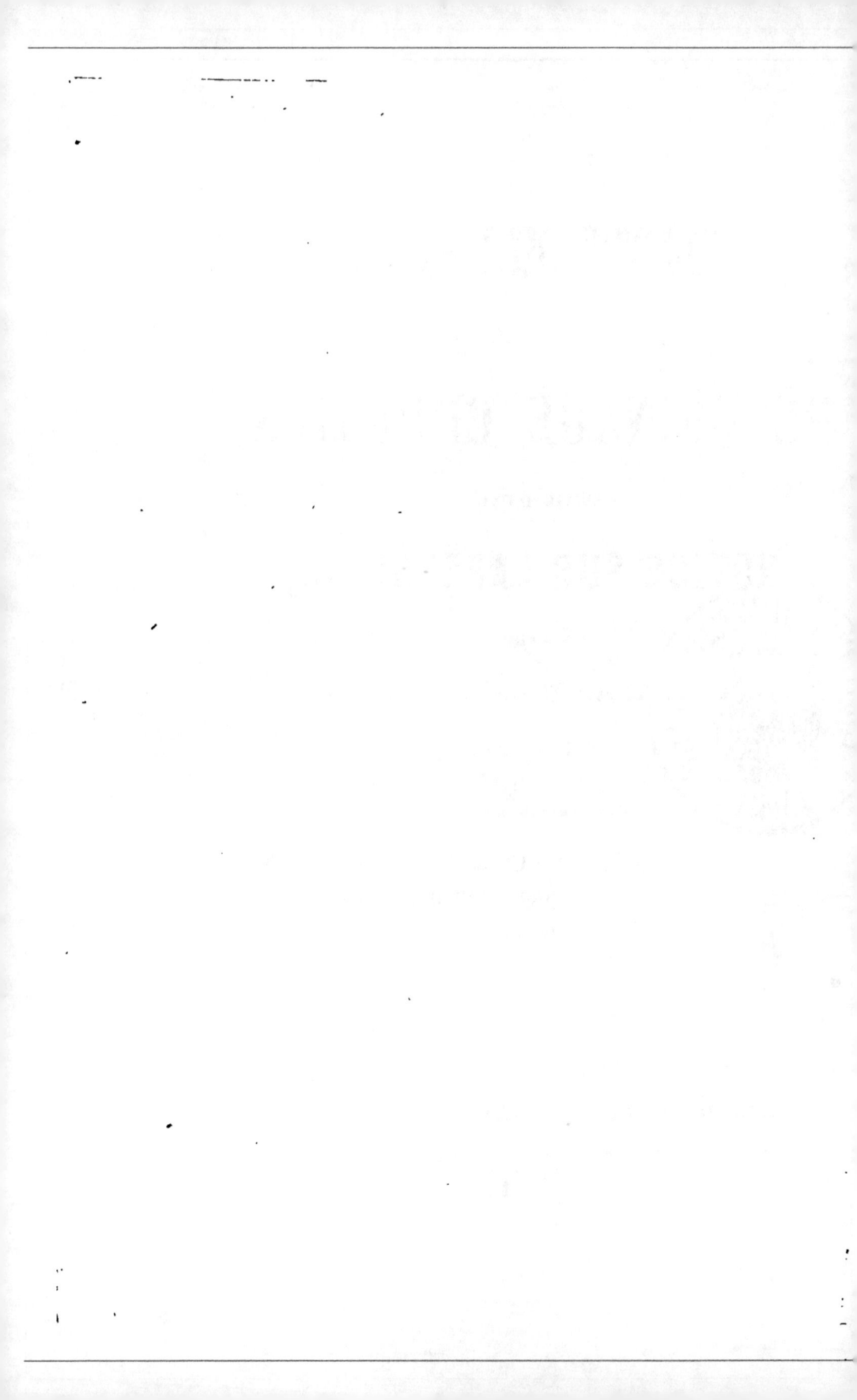

Avertissement.

En suivant le cours des siècles chrétiens, un esprit méditatif ne pourra s'empêcher de remarquer un fait vraiment providentiel : c'est que le Seigneur, dont la bonté mesure le vent selon la robe de la brebis, place toujours, pour ses enfants, le remède à côté du mal qui les dévore ou les menace.

Ainsi, il y a vingt-cinq ans, une philosophie destructive, qui menaçait de ravager la France et le monde entier, si le ciel n'eût arrêté ses progrès, était tombée comme un nuage obscur et glacé sur l'esprit et le cœur de la société chrétienne; et le chrétien, que minait en secret l'indifférence pour la religion, promenait çà et là, comme l'enfant de Jacob sous le coup de la famine, des regards inquiets et oisifs, attendant le secours inconnu.

« Pourquoi négligez-vous, lui dit alors le Seigneur, de vous procurer le soulagement nécessaire ([1])? Descendez de la hauteur de vos vaines pensées ([2]). Allez au sanctuaire de mes saints. Leur fidélité sur la terre leur a mérité pour vous du crédit sur mon cœur. Allez donc vénérer leurs reliques, implorer leur protection, et faites tout ce que vous dira le souvenir de leur vie ([3]). »

La voix du Seigneur pénétra mystérieusement dans les âmes, et y réveilla un senti-

---

([1]) Dixit filiis suis : « Quare negligitis? » — *Genèse*, chap. XLII.

([2]) Descendite et emite necessaria. — *Genèse*, chap. XLII.

([3]) Ite ad Joseph, et quidquid ipse vobis dixerit, facite. — *Genèse*, chap. XLI.

ment de confiance en la protection des saints.
De là cet heureux empressement que l'on
remarque depuis, sur tant de points de la
France, à accourir au sanctuaire de ces bienheureux et puissants patrons que vénéraient
nos pères.

La pensée de cet élan religieux qui, bien
réglé, peut devenir si profitable à l'âme du
fidèle, nous a inspiré celle de consacrer
quelques pages au Pèlerinage chrétien en
général. Nous en indiquerons la nature, l'antiquité, l'usage non interrompu jusques à nos
jours, les avantages divers et précieux, enfin
les conditions saintement requises. La lumière que nous espérons répandre sur tous
ces points, montrera le faible et le vain des
plaintes et objections de l'ennemi de notre
foi, de la vraie piété et des saintes pratiques
catholiques.

Nous reconnaissons le premier que cet ouvrage, fruit trop prématuré d'une circonstance pressante et depuis peu de jours prévue, laissera beaucoup à désirer pour la forme et le fond. Mais on sera indulgent pour un opuscule qui ne demande pas même la dernière place sur la ligne littéraire. C'est une pierre élevée pour dire au chrétien où commence l'allée qui conduit au sanctuaire de l'illustre patron qu'il vient implorer; c'est un bourdon sur lequel il peut s'appuyer, se délasser peut-être pendant le cours de son pèlerinage. Si notre ouvrage remplit ce but, que la critique le laisse passer !

DISSERTATION

SUR

LE PÈLERINAGE CHRÉTIEN.

I.

L'intelligence de la valeur des mots a souvent
réconcilié bien des esprits, qu'une ignorante
méprise sur un même point divisait depuis des
années. Il sera donc sage et prudent d'établir, dès
le début de cette courte Dissertation, ce que l'on
doit entendre par le nom de *pèlerinage*. Ce
terme, pris dans l'acception qui lui est propre,
pris dans le sens religieux et chrétien, signifie :
« Un voyage fait par dévotion à un lieu consacré
« par quelque monument de notre sainte religion. » C'est la définition de Bergier.

2

Ainsi, le terme du voyage du vrai pèlerin, c'est un lieu consacré par quelque monument cher à la religion ; c'est, ou un de ces lieux de la Palestine sur lesquels se sont accomplis les mystères de notre rédemption, et qui nous rappellent un par un l'amour infini d'un Dieu pour sa coupable et misérable créature ; ou bien c'est un de ces lieux qui furent ou le berceau, ou le tombeau, ou le théâtre de ces fidèles serviteurs de Dieu, de ces nobles et généreux chrétiens qui ne passèrent sur la terre que pour montrer à tous la voie sainte qui conduit au ciel.

Le motif qui détermine le voyage du pèlerin, le même qui le soutient dans la route jusques au terme que la religion consacre, le même qui le ramène dans sa patrie, c'est un motif de foi, de vénération, de reconnaissance ou de saint désir de devenir meilleur aux yeux de Dieu, meilleur pour sa famille, meilleur pour le prochain. Son âme est en quête. Ce qu'elle cherche, les enfants des hommes ne pourraient le lui donner. Elle vient le demander à Dieu, à Dieu par ses amis que sa main couronne dans le ciel. Voilà la nature du pèlerinage chrétien.

Si un voyage plus ou moins lointain tire sa justification de la légitimité de son terme, de la pureté des motifs qui l'ont déterminé, soutenu, qui ne sent déjà combien est louable le pèlerinage des fidèles? L'idée que l'âme honnête en conçoit, ne doit-elle pas la pénétrer d'admiration pour ces voyages que la religion consacre et encourage? Que sont, à côté du pèlerinage chrétien, ces voyages à long cours que des hommes passionnés feront en Egypte et en Syrie, visitant les Pyramides et les ruines de Palmyre, et emportant au retour, dans leur âme de philosophe, plus de ruines encore qu'ils n'en auront contemplées en ces lieux (¹)? Que sont ici ces pèleri-

---

¹ *Les Ruines, ou Méditations sur les révolutions des Empires*, par Volney, mort en 1820, est un des

nages impies, faits sur la fin du siècle dernier,
aux portes de Genève, à Ferney, auprès de cet
homme qui a consacré un immense talent à
ridiculiser l'*honnête* et le *vrai*, et dont la *con-*
versation par chacun de ses traits, ainsi que
le dit M. Lacretelle, *indiquait un désir im-*
pétueux de braver et d'insulter les croyances
religieuses?

II.

On peut avancer, sans crainte d'être démenti
par la raison, le sentiment ou l'histoire, que
l'usage de ces pieux voyages est de la plus haute
antiquité, et qu'il a pour date première la nais-

---

livres les plus impies et les plus révolutionnaires
qui aient paru pendant l'*époque philosophique*, dit
Feller. L'auteur y sape les fondements de tous les
cultes, et notamment celui de la religion catholique. Voilà un des fruits des voyages que ne justi-
fient ni la fin ni les motifs.

sance même de l'Eglise qui l'a toujours approuvé,
encouragé, protégé.

Les premiers fidèles, en effet, durent sentir le
besoin d'aller visiter ces lieux où s'étaient opérés
les mystères de notre rédemption : l'humble étable
de Bethléem, où Jésus avait pris naissance; la mai-
sonnette de Nazareth, où s'accomplit, en présence
de l'ange, le mystère de l'incarnation, et dans
laquelle, toujours soumis à Marie, la Vierge immaculée, toujours soumis à Joseph, son mystérieux et saint protecteur, l'Emmanuel avait passé
les années de sa vie cachée et laborieuse; le
jardin des Oliviers, où Jésus éprouva sa mortelle
tristesse, son ineffable agonie, et où il accepta
avec tant de soumission ce calice d'amertume
qui devait le préparer pour nous à de nouveaux
combats. Plus d'une fois, sans doute, ils montè-
rent sur la montagne du grand sacrifice, sur ce
Golgotha qui leur rappelait tant de souvenirs divers, et du haut duquel la victime adorable

épancha comme un fleuve tout son sang sur la coupable humanité. Les premiers fidèles sentaient le besoin d'aller visiter tous ces lieux, palpitants de souvenirs, et d'y répéter, à genoux, ces paroles si bien appropriées du prophète royal : *Nous adorons le divin Sauveur de nos âmes, dans ce même lieu où ses pieds adorables se sont reposés* [1].

A quel sentiment cédaient ici les fidèles ? Ils voulaient, les uns se convaincre de plus en plus, de leurs propres yeux, de la vérité de l'histoire évangélique; les autres, offrir au divin rédempteur un témoignage, sinon plus intime, au moins et plus vif et plus éclatant, de leur foi, de leur reconnaissance, de leur amour ; et sans doute, ainsi qu'on le pressent aisément, sans doute, ce ne fut jamais sans éprouver, au fond de l'âme, de ces émotions inconnues à la nature, douces

[1] Adorabimus in loco ubi steterunt pedes ejus, Ps. 131.

et profondes émotions qui les portaient plus vivement à Dieu qui en était le principe.

III.

Une pieuse tradition (¹), qui s'harmonie trop bien avec la vraisemblance pour qu'il soit besoin de l'étayer, aux yeux de nos lecteurs, sur des témoignages nombreux et authentiques, nous répète que la Vierge Marie, pendant les jours

(¹) ADRICOME, *In descriptione Hierusalem*, n° 18 : Pia habet traditio majorum, Beatam Virginem, quæ cum suis Filii sui vestigia ad crucem usquè secuta fuit, post ejus sepulturam hùc redeuntem, viam crucis ex devotione calcasse.

« Cette tradition constante a été confirmée par la révélation que la Sainte-Vierge, cette mère de pitié, en fit à sainte Brigitte, née en Suède l'an 1302, fondatrice de l'ordre de Saint-Sauveur. Ses *Révélations* furent déférées au Concile de Bâle. Gerson et d'autres théologiens voulaient qu'on les censurât ; mais Jean de *Turrecremata* en donna des explications favorables et les approuva comme

qu'elle dut passer encore avec saint Jean, dans
la ville de Jérusalem, après la mort de son cher
Fils, mais surtout après l'Ascension, venait
souvent parcourir cette même voie qu'avait
parcourue son divin Jésus; elle venait s'attrister
et gémir, cette mère de douleurs, au milieu de
ces pâles oliviers de Gethsémanie, qui furent les
témoins de la tristesse et des gémissements pro-
longés de l'adorable victime; elle venait se poser en face de ce même lieu qui lui rappelait une
certaine colonne et les coups répétés d'une barbare flagellation; elle venait pleurer sur cette
montagne du Calvaire, dont la seule vue rappelait
à son cœur le plus cruel des sacrifices; elle venait

utiles pour l'instruction des fidèles. Le Concile re-
garda cette approbation comme suffisante. Il n'en
résultait cependant autre chose, sinon que le livre
dont il s'agit ne renferme rien de contraire à la
foi, et que les *révélations* étant appuyées sur une
probabilité historique, on peut les croire pieusement. » — *Diction. de Feller,* article: *Brigitte.*

s'agenouiller auprès de ce sépulcre où fut enseveli le corps défiguré de son fils adorable et si doux.

C'est ainsi que l'amour maternel de la sainte Vierge, amour imprégné d'une inconcevable douleur, aura le premier ouvert cette voie qui ne sera plus déserte, le cours de ce pèlerinage qui ne sera jamais interrompu.

Nous ne craindrons point de l'affirmer : oui, quoique la voix de l'histoire, sur le fait qui nous occupe, soit demeurée silencieuse durant trois siècles, à travers les agitations et les troubles de la Judée, à travers ces cris de grande lutte entre le paganisme et le christianisme, à travers ces hurlements sataniques de dix persécutions, qui, enchaînant toute liberté d'expansion religieuse, plaçant le berceau de l'Eglise sur un fleuve de sang, faisaient croire (¹) à l'anéantis-

_____

(¹) Dioclétien et ses collègues avaient immolé pendant dix ans de persécution un si grand nom-

sement entier du christianisme, il n'en est
pas moins incontestable que, depuis la naissance
de l'Eglise jusques à nos jours, le pèlerinage
chrétien s'est perpétué plus ou moins nombreux.
Il est des faits qui ont leur authenticité dans les
sentiments qui les inspirent, et que l'histoire n'a
pas besoin d'enregistrer. On les voit, on les touche du cœur.

bre de victimes, qu'ils crurent avoir anéanti le
christianisme. Enivrés de ce fol orgueil, ils firent
dresser deux colonnes de marbre, qui se voient
encore en Espagne, avec cette inscription :

DIOCLÉTIEN JOVIEN, MAXIMIEN HERCULE,
CÉSARS AUGUSTES,

. . . .

POUR AVOIR ÉTEINT LE NOM DES CHRÉTIENS.

Voir Fleury, Longueval et autres historiens ecclésiastiques. Dioclétien périt par la faim, la mé-
lancolie et le chagrin, près de Spalatro, où l'on
montre encore les ruines de son palais. LACT.,
De mortib. persecut.

IV.

Ainsi Jean, le disciple bien-aimé qui demeura fidèle à Jésus et qui le suivit sans crainte jusques aux pieds de la croix ; ainsi Madeleine, la première arrivée au tombeau du Sauveur ; ainsi les saintes femmes qui lui avaient donné tant de pleurs, au moment où il s'acheminait chargé de sa croix, sur la montagne du Calvaire ; ainsi tant d'autres fidèles, et de ceux qui continuèrent d'habiter Jérusalem, et de ceux qui étaient ramenés en ces lieux de si émouvants et si religieux souvenirs, tous venaient sur cette voie douloureuse qu'avait suivie Jésus, qu'avait suivie Marie.

Pierre, ce disciple à jamais inconsolable d'avoir un instant méconnu son divin maître, Pierre qui l'avait autrefois si hautement reconnu pour le fils du Dieu vivant, Pierre aura-t-il négligé de faire son pèlerinage dans les lieux visités par celui qui *possède les paroles de la vie éternelle?*

N'aura-t-il pas souvent paru sur celte même voie, Jacques-le-Mineur, premier évêque de Jérusalem, jusques au jour de son martyr, l'an 62 de Jésus-Christ?

Et lorsque Paul, devenu le vase d'élection de ce Jésus qui le terrassa si merveilleusement sur le chemin de Damas, devenu son apôtre brûlant et si digne de son cœur (¹), se rendra deux et trois fois dans la ville de Jérusalem, en ces diverses circonstances mentionnées par l'évangéliste saint Luc (²), est-il croyable que cet amant de Jésus n'y sera conduit que pour fuir la persécution ou la haine des Juifs de Damas? que pour y apporter les aumônes des chrétiens d'Antioche? que pour se présenter au prince des apôtres, et reconnaître sa suprématie divine sur toutes les

(¹) On a dit que le cœur de Paul était le cœur do Jésus-Christ : *Cor Pauli, cor Christi.*

(²) Actes des Apôtres, *passim.*

Églises, sur les brebis et les agneaux du bercail de Jésus–Christ? que pour le consulter enfin sur les observations des cérémonies légales?

A tous ces motifs réels qui animaient l'âme du grand apôtre, nous le demandons au lecteur, une pensée de vénération pour les Saints-Lieux ne sera-t-elle pas venue se mêler dans cette âme si profondément et si tendrement chrétienne? Croira-t-on que Paul aura quitté cette ville sur laquelle Jésus avait pleuré, cette ville où il vécut (1) quelque temps avec Pierre et avec Jacques, sans faire son pèlerinage ? Est-il croyable qu'il n'ait pas été visiter ces mêmes lieux, sanctifiés depuis si peu de temps par les humiliations, les larmes, et le sang du Sauveur? Ah! il nous semble le voir ce grand apôtre, celui qui mettait sa science, sa gloire et son amour dans les mystères

(1) Erat cum illis intrans, et exiens in Jerusalem, et fiducialiter agens in nomine Domini. — Actes des Apôtres, chap. 9.

profonds de la croix, gravir la montagne du
Calvaire, arroser de ses larmes l'endroit même
qui fut arrosé du sang de la victime, et répon-
dre par des gémissements de douleur et d'amour
aux gémissements qu'elle y avait poussés. Nier
le fait que nous avançons à la louange des apôtres et des premiers fidèles, ce serait évidemment
méconnaître la puissance de l'amour le plus intime et le plus vrai, insulter à la vivacité de la
foi, outrager la piété si solide et si tendre de ces
âmes sublimes qui n'aimaient désormais que
Jésus crucifié, de nos modèles parfaits dans le
sentiment religieux et chrétien.

V.

La voix de l'histoire arrive bientôt en témoignage d'une vraisemblance incontestable, puisqu'elle est basée sur ce que le cœur a de plus
intime et de plus vrai. Que nous dit cette voix?

Elle déroule le cours des siècles, et nous montre dans leurs successions la perpétuité non interrompue du pèlerinage chrétien.

Ainsi, au troisième siècle, assez longtemps encore avant que Constantin montât sur le trône, et donnât la paix à l'Eglise, un saint évêque paraît sur cette voie : c'est Alexandre, le même qui avait ordonné prêtre le fameux Origène et qui l'avait défendu contre Démétrius d'Alexandrie, le même que saint Narcisse se choisit pour successeur sur le siége de Jérusalem. Il vient de Cappadoce pour visiter les Saints-Lieux [1].

Au quatrième siècle, c'est Jérôme, cet homme qui rappelle à la fois la science et l'austérité de la pénitence, qui s'arrache aux séductions et grandeurs romaines, et qui vient visiter la Palestine et passer sa vie non loin de cette humble étable qui lui rappelait la naissance du

[1] EUSÈBE, *Histoire ecclésiast.*, liv. XVI, chap. 10.

divin Sauveur. Après Jérôme, et sur son exemple, on voit arriver plusieurs personnages romains dont l'histoire a conservé quelques noms et qui sont poussés vers les Saints-Lieux par un motif semblablement religieux.

Hâtons-nous d'arriver au septième siècle. L'an 629, l'empereur Héraclius [1], providentiellement possesseur de la vraie Croix par sa paix avec Siroës, roi persan, a conçu le dessein d'aller déposer ce saint trésor à Jérusalem, d'y rendre grâces à Dieu de ses victoires, et de replacer la sainte croix dans *l'Eglise de la Résurrection*, que la piété d'Hélène avait bâtie trois siècles auparavant. Arrivé à Jérusalem, et sur le pieux et prudent avis du patriarche Zacharie [2], Héraclius se dépouille de ses riches

[1] Voir FLEURY, liv. 37, pag. 330.

[2] Héraclius voulut d'abord porter la croix sur ses épaules couvertes de son manteau impérial, en entrant dans la ville, et accompagner cette céré-

vêtements; il quitte son manteau impérial, sa chaussure, et, dans cet état d'humilité et de pauvreté, état qui rappelait un peu mieux celui de Jésus-Christ dans les rues de Jérusalem, il porta sur ses épaules dénudées la croix de son Sauveur. Il la porta dans les rues de cette ville et jusques au sommet du calvaire. Ce pèlerinage, depuis plusieurs mois projeté, l'Empereur l'accomplit

monie de la pompe la plus éclatante; mais il se sentit arrêté tout-à-coup, et dans l'impossibilité d'avancer. Alors le patriarche Zacharie, de retour de Perse, où il avait été mené captif par ordre de Chosroës, lui ayant représenté que cette pompe ne s'accordait pas avec l'état d'humiliation où était le Fils de Dieu lorsqu'il porta sa croix dans les rues de Jérusalem, l'empereur quitta aussitôt ses vêtements précieux et accomplit sans peine son pieux dessein. — Voir le *Dictionnaire de Feller*, article : *Héraclius;* le *Catéchisme de l'abbé Gaume*, tom. VI, pag. 17; et la plupart des *Histoires ecclésiastiques.*

5

en présence d'un nombre considérable de chrétiens qui trouvèrent, dans ce grand témoignage de foi, de piété, un dédommagement, une douce consolation à la conduite impie et cruelle de Chosroës contre l'église de Jérusalem (¹).

Si la féodalité avait en quelque sorte universalisé le crime et l'injustice, le christianisme qui est, à travers les siècles, la personnification de Jésus, Sauveur de tous, le christianisme ne permit pas aux oppresseurs d'être indéfiniment tranquilles dans le mal, et il fit naître, partout à la fois, le besoin d'une expiation proportionnée à l'iniquité. Les pèlerinages à Jérusalem, re-

(¹) Chosroës, monarque persan, avait envoyé une armée formidable dans la Palestine en 614. Jérusalem fut prise; les églises furent brûlées; un grand nombre de clercs, de moines, de religieuses et de vierges massacrés; les chrétiens vendus aux juifs; les vases sacrés, et le bois de la vraie croix enlevés.

marque M. Lefranc, s'étaient multipliés à mesure que le régime de la force avait corrompu la société (¹).

Ainsi, les pèlerinages à Jérusalem, de Foulques Nerra, ou le *Noir*, comte de Flandres; de Béranger II, comte de Barcelone; de Robert le Frison, ou le *Magnifique*, comte de Flandres; de Frédéric, comte de Verdun; de Robert II, duc de Normandie, pèlerinages qui avaient pour but l'expiation de leurs vexations injustes et souvent cruelles.

Ainsi, vers l'an 1026, le B. Richard, abbé de Saint-Vannes à Verdun, fit son pèlerinage à Jérusalem, marchant à la tête de 700 compagnons défrayés par Richard, duc de Normandie.

Ainsi, quelques années plus tard, dans le cours de ce même siècle, on vit un pèlerinage de 7,000 chevaliers, partis des bords du Rhin,

(¹) *Histoire de France,* 1er vol., pag. 291.

pour aller aussi expier leurs fautes au tombeau de Jésus-Christ.

C'est le temps des Croisades : La ville de Jérusalem est prise l'année 1099, après cinq semaines de siége. *Godefroi de Bouillon*, dont la piété égalait la valeur, ne songea qu'à satisfaire sa dévotion. Après avoir repoussé la couronne d'or qu'on lui offrait, dans une ville où Jésus-Christ avait été couronné d'épines, Godefroi quitte sa cuirasse, se revêt de laine, fait, nu-pieds, le tour de la ville, et va dévotieusement visiter le saint sépulcre (¹).

« Dès que la liberté fut rendue aux chrétiens de la Palestine, observe M. l'abbé Blanc, les pélerinages aux Lieux-Saints, déjà très-fréquentés auparavant, reprirent avec une nouvelle ardeur, qui alla croissant. On voyait arriver à Jérusalem des troupes nombreuses de pèlerins

(¹ *Hist. ecclés.*, de FLEURY, tom. XIII, pag. 644.

de toutes conditions, ayant à leur tête des
princes, des évêques. C'était comme de petites
armées chargées d'aumônes et de secours pour
les chrétiens qui gardaient les Lieux-Saints.
L'ancienne charité des fidèles pour l'église de
Jérusalem semblait revivre sur une immense
échelle ([1]). »

Continuer encore, au pas de l'histoire, le cours
non interrompu du pèlerinage chrétien à la Terre-
Sainte, serait peut-être heurter la patience et le
bon goût du lecteur. Nous nous arrêterons donc
sur cette pente facile. Cependant, si nous nous
taisons, par respect pour le lecteur, sur ces
nombreux pèlerins que la succession des temps
a vu s'acheminer à travers tant d'obstacles vers
le tombeau du Sauveur, hommes pleins de foi,
qui, arrivés au terme de leur pèlerinage; soupi-

([1]) L'abbé BLANC, *Cours d'histoire ecclésiastique*,
leçon CXXXIX. — GLABER, liv. IV. — LONGUEVAL,
liv. XX, tom. VII.

raient quelquefois sur le Calvaire, ou sur le
Thabor, après le bonheur de mourir pour Jésus,
et d'aller à jamais se réunir à lui dans le ciel ([1]);
si nous nous taisons sur les noms des Châteaubriand, des Marcellus, des De Mazure, des
Géram, illustres pèlerins que la foi chrétienne
poussa jusques aux Saints-Lieux, et qui savaient

([1]) Saint François de Sales, dans son admirable
Traité de l'amour de Dieu, nous raconte le pieux
pèlerinage d'un noble gentilhomme. Après avoir
visité les Lieux-Saints de la Palestine; après avoir
fidèlement suivi les traces du divin Maître, le noble
et pieux pèlerin arrive enfin sur la montagne du
Thabor. Il est au bout de sa course. Son âme brû-
lante sera-t-elle satisfaite? Non; elle n'a point
rencontré l'objet qu'elle cherche en ces lieux. Comme le prophète, cette âme a besoin que sa gloire
lui soit révélée pour n'avoir plus de désirs. Notre
pèlerin, tout hâletant d'amour, soupire, soupire
encore après son Sauveur; la nature succombe,
tandis que son âme monte dans le ciel.

ensuite nous rendre, dans un si noble et pieux
langage, les impressions qu'ils y avaient puisées,
nous serait-il permis de passer sous silence ces
deux caravanes que l'admirable et providentielle
conférence de Vincent de Paul vient d'envoyer
successivement à Jérusalem (1)? A quel autre
motif qu'à celui d'une foi vive, pure, d'une piété
ardente et profonde, attribuer leur récent voyage
à la Terre-Sainte? Pour en être intimement con-
vaincu, il suffit de lire une seule fois l'admirable
supplique que les membres de la dernière cara-
vane *Franco-Belge* adressaient, de la ville de
Jérusalem, le 22 du mois d'avril de cette présente année 1855, à Sa Majesté Napoléon III.
Quelle page suave de vénération pour les Saints-
Lieux, d'amour pour les chrétiens de Jérusalem,
de saints désirs de leur procurer un meilleur

(1) Lire le journal l'*Univers*, édition semi-quoti-
dien, n° 93, année 23e.

sort! Tout en cette supplique rappelle ce qu'il y avait de plus pur et de plus saint dans le cœur éloquent de Pierre-l'Ermite (¹). Non, non, ce n'est pas ainsi que l'on sent, que l'on parle, que l'on agit, au terme ou au retour d'un de ces voyages plus ou moins lointains, quand ces voyages n'ont été déterminés que par un motif de pure curiosité, de vaine science, ou de spéculation commerciale.

VI.

L'usage d'aller célébrer sur leur tombeau la fête des martyrs ou d'autres fidèles et bienheureux serviteurs de Dieu, est de la même antiquité. Pour le prouver, nous nous contenterons de citer quelques traits historiques.

(¹) Pierre-l'Ermite, né près d'Amiens, reçut l'ordre d'Urbain II, dans le onzième siècle, de parcourir l'Europe et de raconter l'état malheureux des chrétiens de Jérusalem.

Ainsi, nous apprenons de saint Cyrille (¹) que le disciple bien-aimé vivait encore, et les tombeaux des saints apôtres Pierre et Paul étaient religieusement fréquentés, de l'aveu même de l'empereur Julien.

Nous lisons dans les actes du martyre de saint Ignace, évêque d'Antioche, et de saint Polycarpe, évêque de Smyrne, au second siècle, qu'on accourait des environs pour célébrer leur mémoire; et il n'était pas rare de rencontrer des évêques parmi les nombreux pèlerins, dit Bergier (²).

Vers le milieu du quatrième siècle, sous l'empire de Valentinien et de Valens, les reliques des deux-saints et premiers apôtres de la grande Séquanie sont providentiellement trouvées et précieusement recueillies par saint Agnan, évê-

---

(¹) Saint Cyrille, *contrà Julianum,* liv. x, pag. 327.

(²) *Diction. théolog.,* article: *Pèlerinage.*

que de Besançon; or, une tradition (¹) irréfraga-
ble nous apprend que depuis l'invention de ces
reliques jusques à nos jours, un concours immense de pèlerins, accourus de toutes les parties
de la Franche-Comté, vient entourer le tombeau
vénéré de saint Ferréol et de saint Ferjeux.

L'église de Tours, où repose depuis plus de
quatorze siècles le corps de saint Martin, son
évêque le plus illustre, a toujours été considérée,
disent les historiens, comme l'*asile le plus sûr
de la France;* et son tombeau, illustré par une
multitude de miracles avérés, rappelle un des
plus célèbres pèlerinages. Les peuples y recou-
raient, dans toutes les calamités, avec une con—

(¹) Saint Grégoire de Tours, qui vivait dans le
sixième siècle, parle dans le 17ᵉ chapitre de son
livre *sur la gloire des martyrs,* du pèlerinage que
l'on faisait alors au tombeau glorieux de Ferréol et
de Ferjeux. Il parle d'un miracle opéré en faveur
d'un malade en grand danger de mort; et ce malade
était le mari de la sœur de saint Grégoire lui-même.

fiance extrême qui, certes, est loin encore d'être
éteinte dans le cœur du chrétien.

Qui n'a entendu parler du pèlerinage toujours
si nombreux et si édifiant, depuis le milieu du
douzième siècle, auprès des reliques de saint
Bertrand de Comminges? Il est deux époques,
chaque année, au mois de mai et au mois d'octobre, où les divers chemins qui aboutissent à la
petite ville qui porte le nom du saint, dans le
diocèse de Toulouse, sont encombrés par la foule
des pèlerins; et les prêtres de ce lieu vénéré, et
les prêtres de toute la contrée voisine, ne peuvent suffire à la piété de cet immense concours.

Mathincourt ne peut contenir les nombreux
pèlerins qui viennent de la Lorraine et de l'Alsace
auprès du tombeau du bienheureux Pierre Fourrier (¹), son ancien pasteur, cet homme admirable

(¹) Pierre Fourrier, né en 1563, mourut en odeur
de sainteté en 1640, 20 ans avant saint Vincent de
Paul, son saint ami. Il fut béatifié en 1730.

dont le cœur avait tant de ressemblance avec celui de Vincent de Paul (¹), son contemporain, et qui se consuma à la gloire de son Dieu, au bien de la sainte Eglise, au soulagement de son prochain.

Nommer Germaine de Pibrac, la Geneviève de Toulouse, morte au commencement du dix-septième siècle et béatifiée l'an dernier (1854), c'est rappeler le souvenir de cet admirable pèlerinage qui, depuis plus de deux cents ans, se présente toujours et plus nombreux et plus édifiant.

Nous ne dirons rien de plusieurs autres pèlerinages plus ou moins célèbres, plus ou moins fréquentés ; nous nous tairons sur le concours de tant de chrétiens auprès des reliques de saint Fort

(¹) On lit dans la vie du bienheureux Pierre Fournier, qu'il eût voulu que son corps ne fût que tout cœur, afin de pouvoir aimer davantage son Dieu et son prochain. Quelle charité! Celui qui l'exhalait pouvait-il être oublié sur la terre?

de Savenès (¹), canton de Verdun ; au sanctuaire
vénéré de Notre-Dame de Verdelai, de Bon-
Encoutre, de Livron, près de Caylus. N'en
avons-nous pas assez dit pour démontrer l'anti-

(¹) Les reliques de saint Fort, à Savenès, commune et canton de Verdun-sur-Garonne, sont
justement chères à la confiance des chrétiens de
cette intéressante paroisse et des contrées voisines.
Combien de mères affligées doivent à la protection
puissante de ce saint la guérison de leurs chétifs
enfants! Nous ne pouvons résister au besoin de
raconter très-succinctement un fait incontestable
et merveilleux dont plusieurs habitants de la paroisse de Verdun conservent encore sans doute le
religieux souvenir :

Mademoiselle Marie de Lafaurie, fille de M. Henri
de Lafaurie, était arrivée à la quatrième ou cinquième année de son âge, sans avoir pu jamais
faire usage de ses jambes tordues. Les médecins
consultés ne donnaient que de ces consolations
vagues qui doivent venir du temps, et qui laissent
toujours de si poignantes anxiétés dans le cœur

quité, l'universalité, l'usage constant du pèlerinage chrétien ?

Ces pèlerinages n'appartiennent pas exclusivement à ces siècles qu'on se plaît à nommer, par
dérision, siècles d'ignorance; non, certes. Ils ont
été pratiqués dans tous les siècles chrétiens,
ainsi que nous espérons l'avoir historiquement
démontré. C'est que la dévotion à tout ce qui
touche au souvenir de la bonté de Dieu pour les
hommes, au souvenir des vertus admirables de
ses fidèles serviteurs, est de tous les temps et de
tous les lieux.

des parents. Les parents de la jeune Marie tournent un regard de confiance vers les reliques de
saint Fort. Ils apportent leur malheureuse enfant
dans le sanctuaire où elles étaient religieusement
conservées, et obtiennent *là même* du saint la guérison instantanée pour leur fille. Nous avons particulièrement connu l'heureuse miraculée pendant
plus de cinq ans, et l'avons vue radicalement guérie. Elle vécut encore plusieurs années.

VII.

Le rationaliste, myope de la plus déplorable espèce, qui a pu se persuader qu'il n'est point d'horison levé au-delà de sa vue ; le sensuel, dont la mollesse repousse toute pensée de gêne et de pieuse dévotion ; l'hérétique, qui n'a jamais compris pourquoi le Prophète-Royal tourne des regards méditatifs vers les *cieux qui racontent la gloire de Dieu*, vers le *firmament qui annonce les œuvres de ses mains* ([1]) ; pourquoi il se plaît souvent à tirer des sons de sa cithare ou de sa harpe ([2]) ; ces hommes que nous aimons, puisque nous les plaignons, s'indignent devant presque tout culte extérieur, et n'ont que blâme et réprobation sur le pèlerinage des chrétiens. A quoi *bon*, disent-ils, à quoi bon les pèlerinages ?

([1]) Ps. XVIII.
([2]) Ps. CXL.

A quoi *bon* les pèlerinages!. Ah! demandez,
demandez au poète : à quoi *bon* aller sur le pic
des rochers, sur la cime de la montagne, non
loin de la chute de la cascade, sur une plage
plus isolée d'une mer calme et tour-à-tour agi-
tée? Demandez à l'artiste : à quoi *bon* s'éloigner
de la ville, fuir sa patrie et venir sur la terre
classique des arts s'arrêter devant une toile, une
colonne, un morceau de marbre? Demandez, et
l'enfant de l'harmonie vous répondra qu'il ne vît
pas de sa vie au milieu d'un monde positif et
profane... que son âme est à l'écart dans le cer-
cle du monde des passions basses, et qu'il vient
demander à la nature, ouvrage pur de son Dieu,
cette voix qui répond en harmonie à ce qu'il y a
de plus intime dans son cœur, de plus divin dans
sa pensée. Demandez, et l'intime et noble ami
des arts vous répondra qu'il n'arrête point sa
vue sur toute chose... un feu secret le dévore:
il soupire après la rencontre du vrai, du beau,

de ce *beau idéal*, tel qu'il se présente quelquefois à son âme soudainement inspirée ; il a besoin d'en toucher des yeux l'insigne réalisation, et il vient la contempler dans l'œuvre de ces génies auxquels la nature a révélé ses secrets et ses inspirations. Laissez donc le poète à son mystérieux isolement, et bientôt il vous fera entendre ses chants. Laissez donc l'artiste aller demander à *Raphaël* (¹) sa *Transfiguration*, ou à *Polyclète* la garde d'un roi persan (²), et l'ar-

---

(¹) Raphaël, mort en 1520, à l'âge de 37 ans, se surpassa lui-même dans son tableau de la *Transfiguration.*

(²) Polyclète, sculpteur de Sicyone, ville du Péloponèse, vivait vers l'an 432 avant Jésus-Christ, et passait parmi les anciens pour avoir porté la sculpture à sa perfection. Il avait composé une figure qui représentait un garde des rois de Perse, mais tellement parfaite, qu'on venait la consulter de tous les côtés comme un excellent modèle ; ce qui la fit appeler par tous les connaisseurs : *la règle...*

tiste vous présentera sa *vierge* (¹) ou la *règle*.

Peut-on l'oublier ou le méconnaître ! Ne sait-on pas que l'homme est un composé de deux substances bien distinctes, mais qui, faites pour vivre en société et se compléter, ont besoin de se prêter un mutuel secours? L'âme sans doute est faite pour dominer ; mais il faut que ses sens, comme autant de ministres fidèles (²), la mettent

(¹) Ingres, notre illustre compatriote, ne doit-il pas la perfection de son talent sur la peinture, ne doit-il pas sa *vierge*, chef-d'œuvre dont il a gratifié la cathédrale de Montauban, à son voyage en Italie, auprès des grands modèles?

(²) La vie de l'aveugle, la vie du sourd, on aurait beau dire, sera toujours une vie imparfaite et tronquée. C'est que l'âme de ces infortunés est fatalement desservie. L'aveugle est privé de la vue d'un horison, qui semble mieux marquer l'idée de l'infini. Le sourd est privé de ce son verbial, duquel pas un signe mimique qui puisse remplacer, représenter avec justesse les nuances, les modulations aussi variées que mystérieuses.

en rapport avec le monde matériel qui est son empire, et lui en fassent percevoir l'hommage. Alors
elle s'élève, elle s'agrandit, elle règne, elle jouit.
Ainsi, dans l'ordre de la nature ; ainsi, dans
l'ordre de la religion. L'âme a besoin, sous ce
dernier rapport, de rencontrer quelques-uns de
ces monuments vénérés qui lui rappellent plus
vivement le souvenir de Dieu, le souvenir du
ciel, le souvenir des vertus des saints, et qui
soient comme autant de voix qui lui répètent :
Aime ton Dieu et marche vers la vie éter-
nelle. Or, ces avantages, ces nouveaux secours,
le chrétien ne les trouvera-t-il pas sensiblement
dans un saint pèlerinage ?

VIII.

La vue de Bethléem, de Nazareth, du Calvaire,
celle des reliques d'un saint, de son tombeau, de
sa prison, de ses chaînes, des instruments de son
supplice, ou seulement la vue de la prairie qu'il

fréquentait, de la houlette qu'il maniait, un œil tourné vers le ciel et puis sur son troupeau, c'en est assez pour opérer sur l'âme une toute autre impression que celle du récit qu'on nous en ferait au loin. Nous en appelons au sentiment du chrétien qui aurait fait un pèlerinage à Pibrac. Là, s'il lui a pris envie d'aller visiter la ferme de *maître Laurent*, s'il a jeté un regard attentif sur ce réduit qu'une marâtre sans cœur avait dédaigneusement assigné à *Germain-Cousin*, et dans lequel l'humble bergère passait de si pénibles nuits, et rendit enfin sa belle âme au Seigneur, qu'il nous dise s'il n'a pas éprouvé, à la vue de ce petit recoin, sous un escalier poudreux, quelque chose d'indéfinissable, une émotion religieuse à laquelle venait se mêler la pensée de Bethléem?

Autrefois le souvenir de Rome, du tombeau des Saints Apôtres *Pierre* et *Paul*, que cette ville possède, inspirait à l'âme de Chrysostôme une de ces pages brûlantes qui lui aurait suffi pour

mériter une fois de plus le surnom de Bouche-
d'or. La pensée de Pierre le jette dans l'extase
de l'admiration ; la pensée de Paul, en exaltant
son âme attendrie, inonde sa face de larmes abondantes. Chrysostôme aime passionnément la ville
éternelle. Il l'aime, non à cause de son or, de ses
palais, de mille autres richesses qui la placent au-
dessus de tant de cités remarquables, mais il l'aime
à cause des deux colonnes de l'Eglise de Jésus-
Christ. Aussi entendez-le s'écrier avec transport:

« Oh ! qui me donnera d'aller au tombeau de
Paul, de me prosterner à ses pieds, de baiser ses
chaînes, de m'ensevelir dans cette poussière sacrée ! Le glaive qui a fait tomber la tête de Paul,
je le préfère à toutes les couronnes : les clous qui
ont servi au crucifiement de Pierre, sont mille
fois plus précieux à mes yeux que toutes les pier-
reries qui embellissent le diadème des rois (¹) »

(¹) Saint Chrysost., serm. 32, *in morali exhorta-
tione.* — Sermo *apud Metaphrast.*

Si à l'immense distance de Rome à Constantinople, le souvenir, pèlerinage mental, du tombeau des saints apôtres, a pu produire sur l'âme de ce saint évêque une si vive et profonde impression, quelle impression et plus profonde et plus vive n'eût pas éprouvé ce sublime admirateur, s'il fût réellement arrivé auprès de leur tombeau ? s'il eût pu dire, en vérité : « Je touche de ma main la dépouille sacrée de ces hommes dont le brûlant amour pour Jésus-Christ et le salut de leurs frères, était à l'étroit dans les bornes de cet univers ! »

Demandez, s'il pouvait être ici permis de passer d'un genre de sentiment à un autre, demandez au noble vétéran de l'Hôtel des Invalides, si, à côté des cendres du Grand Empereur, il n'éprouve pas sur cette âme où sont déjà passées tant d'émotions belliqueuses, un sentiment indéfinissable qu'il était loin d'éprouver dans le même degré au simple souvenir du rocher de *Sainte-*

Hélène ? Mais que peuvent ici toutes les comparaisons de l'homme à l'homme ? rien d'émouvant comme les souvenirs qui élèvent jusques à Dieu.

IX.

Les miracles que le Seigneur a daigné opérer si souvent sur les saints lieux de la Palestine, dans un sanctuaire de l'auguste Marie, sur le tombeau des Saints, excitaient la curiosité (¹) des infidèles, des hérétiques, des incrédules, et ces prodiges devinrent plus d'une fois la cause de

---

(¹) Nous lisons dans le onzième chapitre de l'Evangile selon saint Jean, que *plusieurs d'entre les Juifs qui étaient venus voir... et qui avaient vu ce que Jésus avait fait à l'égard de Lazare, crurent en lui.* — C'est sans doute la conversion de ces juifs que le peintre avait en sa pensée, lorsqu'il représenta quelques témoins de cette résurrection, un œil d'admiration sur Jésus, un pied levé de terre, et l'index de la main gauche sous la dent. L'expression est excellemment mimique !

leur retour à la foi, à la pratique des vertus chrétiennes. Ainsi pouvons-nous avancer : il est tel mécréant qu'un premier sentiment de pure curiosité aura poussé au tombeau d'un *Martin de Tours,* d'un *Ferréol* de *Besançon*, d'une *Germaine* de *Pibrac*, et qu'un autre sentiment ineffable qui ressemble à la foi, qui ressemble à la confiance, qui ressemble au désir de changer de croyance et de vie, aura bientôt ramené dans ce même lieu.

Mais quel est donc ce mystère d'entraînement? Ah! vainement voudrait-on le nier, ou se le dissimuler à soi-même : « on se sent plus près de Dieu, notre principe, notre centre et notre fin, quand on s'approche des restes vénérés de ceux qui furent, sur la terre, son temple, ses enfants, ses vivantes images. C'est que de ces débris sanctifiés par la grâce et l'onction des vertus les plus pures, il s'échappe, par une permission divine, il s'échappe, comme autrefois du bas de la robe de

Jésus, on ne sait quelle céleste émanation, quelle vertu nouvelle. On dirait une voix qui éclaire, une onction qui pénètre, un souffle qui ébranle, une main qui vous détourne du monde et vous pousse doucement vers le Dieu des vertus. Eh ! qu'on ne s'y trompe point : ce prodige, moins rare qu'on ne pense, n'est certes pas un des moins admirables opérés en ces lieux. Qui ne sent, en effet, que la résurrection de ce mort sur lequel fut appliquée par épreuve la croix de Jésus-Christ, récemment trouvée par sainte Hélène, sera toujours un miracle moins étonnant que celui de la conversion du cœur de Longin (¹).

(¹) Saint Longin qui perça le côté de Jésus, est-il ce centurion qui, éclairé par les nombreux prodiges arrivés immédiatement après la mort volontaire de l'adorable victime, se serait écrié : *Vraiment cet homme était le fils de Dieu.* — C'est là une opinion assez universellement admise. Elle est appuyée des martyrologes et peut-être, ajoute

X.

Dans une de ces admirables visions dont le Seigneur favorisait Ezéchiel, le prophète a vu ce que la bonté divine réserve à *ceux qui avaient marché dans la voix droite* [1]. Quelle est donc cette faveur signalée ? C'est que leurs ossements conservés avec soin, auront la vertu de prophétiser [2] comme ceux de Joseph ; la vertu de pulluler ou de refleurir [3] comme ceux des douze

Feller, à l'article *Longin,* d'autres témoignages qui ne sont pas arrivés jusques à nous.

[1] Ezechiel vidit... benefacere illis qui ostenderunt rectas vias. — *Eccles.*, ch. XLIX, versets 10-11.

[2] *Ossa ipsius post mortem prophetaverunt.* — Les os de Joseph ont prophétisé, ayant été apportés en Egypte, ainsi qu'il l'avait prédit. — *Eccles.*, ch. XLIX. — *Comment. de* CARRIÈRES.

[3] *Ossa pullulent de loco suo.* — La mémoire des douze petits prophètes reverdit du fond des tombeaux qui renfermaient leurs ossements, en dé-

petits prophètes. Voilà ce qu'a vu le prophète dans les visions du Seigneur ; voilà ce que peut ressentir le pieux pèlerin auprès des tombeaux des saints.

Ainsi du fond de cette châsse auprès de laquelle on vient s'agenouiller au terme de son pèlerinage, une voix mystérieuse, éloquente, se fait entendre, comme du haut d'une chaire évangélique ; et quelquefois elle arrive jusques dans l'âme la moins méditative. Que de vérités elle annonce ! que de leçons elle donne ! que de sentiments divers elle inspire ! Elle dit au mondain que son âme étant capace d'un objet infini, elle sera toujours dans le vide si Dieu ne vient en remplir la capacité (¹). Elle dit à l'orgueilleux

tournant de l'impiété le peuple d'Israël, et en contribuant à le rendre stable dans la vraie religion. — *Eccles.,* ch. XLIX. — *Comment. de* MÉNOCHIUS.

(¹) Animam Dei capacem quidquid deo minus est implere non potest. — *Saint Bernard.*

qu'il n'est qu'impuissance et néant (1), qu'il doit s'humilier sans cesse devant son Créateur et son Maître, et attendre de sa main d'être retiré de sa misère et de compter un jour pour quelque chose au nombre de ses enfants (2). Elle dit au licencieux, à l'homme qui veut secouer son joug pour ne suivre que la loi des membres, qu'il n'éprouvera jamais de paix véritable, et que dès le moment qu'il s'éloignera de son Dieu, il périra, ne sachant plus à quel rang (3) se mettre. Elle dit à l'impie que ses coupables désirs périront avec lui, et que bientôt il verra paraître la main formidable qui vengera les droits de la vérité et de la vertu ou-

(1) Ad nihilum redactus sum et nescivi. — Ps. L XXII.

(2) Deposuit potentes de sede, et exaltavit humiles. — *Saint Luc,* chap. I.

(3) Il est tellement vrai que l'homme n'est fait que pour Dieu, que dès l'instant qu'il en est séparé il ne sait plus à quel rang se mettre. — *Pensées de* PASCAL.

tragées. Que dit encore cette voix? Elle dit au
juste, à l'âme qui s'humilie et qui souffre pour
la justice, elle lui dit : Serviteur fidèle, courage !
le moment (¹) de la récompense approche ; ta
mémoire (²) *demeurera éternelle sans crainte
des reproches et des discours désavantageux.*
Enfin elle dit à tous indistinctement, qu'en partant de Bethléem, il faut passer par le calvaire
pour arriver un jour dans le ciel. O les merveilleux enseignements du tombeau des Saints !

Le pèlerin recueilli écoute cette voix mystérieuse, comme l'on écoute la voix amie qui ne
nous trompe jamais, cette voix lumineuse et sûre
qui rendant l'homme à lui-même, lui montre son

(¹) Jésus dit au bon larron, en récompense de
son humilité, de son repentir, de sa profession de
foi : *Aujourd'hui tu seras avec moi dans le Paradis.* —
Saint Luc, chap. XXIII.

(²) In memoriâ æterna erit justus, et ab auditione
malâ non timebit. — Ps. CXI.

origine, ses devoirs et sa fin; il écoute cette voix
qui lui signale les illusions, les dangers, les per-
fidies du monde, et l'invite à suivre persévé-
ramment ce chemin qui conduit à la paix de l'âme
par l'humilité, la douceur; à la félicité éternelle,
par la grâce et la pratique de la loi du Seigneur.
Aux sons de cette voix ineffable, le pèlerin sent
le besoin de s'écrier au fond de son âme attendrie : « Les hommes ne m'avaient raconté que
des fables; mais les ossements des Saints ont pris
une voix prophétique, qui m'a fait entendre les
vérités du Seigneur ([1]) ».

XI.

Ce que Tertullien, au troisième siècle de
l'Eglise, disait de la vertu du sang des martyrs, ne

([1]) Narraverunt mihi iniqui fabulationes; sed non
ut lex tua... ossa prophetaverunt. — Ps. CXVIII.
— *Eccles.*, chap. XLIX.

peut-on pas le dire de la cendre des Saints ? Cette cendre qui prophétise par les vérités sublimes et profondes qu'elle annonce, est comme *une se-mence de nouveaux chrétiens*, soit par les salutaires impressions qu'elle inspire, soit par les bénédictions qu'il plaît au Seigneur d'y attacher pour nous.

Ainsi, à côté des reliques d'une Vierge, quelle est la jeune fille qui n'a senti plus ou moins profondément que la modestie était sa plus belle parure, la pureté son plus riche apanage, la pudeur sa plus sûre défense ? Qui n'a senti en même temps qu'elle doit s'éloigner d'un monde séducteur, renoncer à ses joies vaines et perfides, et tout sacrifier à la blancheur de son voile virginal ?

A côté des reliques d'un saint pénitent, quel est le pécheur, un instant recueilli, qui n'a senti que la pénitence chrétienne était son unique ressource dans un baptême laborieux, et qu'il doit

donc désormais, se dépouillant d'une vie sen-
suelle ou trop commode, accepter avec soumission et reconnaissance la croix que la main de la
justice divine impose sur ses épaules, et mar-
cher dans la voie nouvelle tracée par les exemples vivifiants du Sauveur, dans la voie des
vertus?

A côté des reliques d'un saint martyr, quelle
est l'âme timide ou molle, chancellante dans la
foi ou lâche dans la vertu, qui n'a senti dans une
intime réflexion, que si elle rougit de Jésus-
Christ devant les hommes, Jésus-Christ à son
tour rougira de sa honte, de sa lâcheté, de
sa mollesse, devant son Père qui règne dans les
cieux? L'âme alors ne sent-elle pas renaître dans
son sein un courage nouveau qui excite à la
vertu, à la profession de la loi divine et chrétienne? Combien de mécréants qui ont retrouvé,
auprès de ces tombeaux vénérés, le trésor
de la religion, qu'ils avaient eu le malheur de

perdre (¹), et qui ont commencé là, après une sincère et forte résolution, une vie qui s'est continuée pure devant Dieu, consolante pour la famille, édifiante pour le prochain?

Le vrai fidèle ne sera pas étonné de ce prodige. Il sait que les ossements des Saints, comme nous en avertit pieusement le concile de Mayence (²), ont été *l'asile de la grâce divine*, et *les vrais membres de Jésus-Christ*, et *la demeure du Saint-Esprit*. Il sait qu'ils furent animés autrefois par ces âmes pures qui marchèrent avec fidélité *dans la voie droite du*

_____

(¹) Châteaubriand a dit à-peu-près ces paroles : « Si la religion venait à s'enfuir du cœur de l'homme, ce serait dans les tombeaux qu'elle viendrait se réfugier. »

(²) Reliquias sanctorum velut divinæ gratiæ olim receptacula, et verissima Christi membra, et pura Spiritûs Sancti domicilia, monemus in ecclesiis. — *Ex concil. Moguntino*, anno 1549. Can. 43 et 44.

Seigneur. Il sait qu'au jour de la résurrection ces ossements reprendront une nouvelle vie, sur le modèle (¹) de l'humanité du divin Sauveur, et qu'ils rentreront en société plus glorieuse avec l'âme qui les animait et qui jouit déjà d'une félicité sans fin. Il sait, il sent toutes ces vérités consolantes ; aussi écoute-t-il sans surprise ces paroles que saint Jean Damascène consignait dans un admirable traité :

« Le divin Sauveur a voulu que les tombeaux des Saints fussent pour nous comme des fontaines salutaires, et qu'il en découlât une vertu des plus suaves. Par eux, combien de démons chassés ! combien de malades guéris ! combien d'aveugles éclairés ! combien de lépreux rendus à la santé ! combien de tentations et de chagrins dissipés (²) !

(¹) Reformavit corpus humilitatis nostræ, configuratum corpori claritatis suæ. — *Phip.,* III.

(²) Christus Dominus sanctorum reliquias velut

Cette doctrine, le fidèle la trouve confirmée par les témoignages de saint Augustin ([1]) dans son admirable livre de la *Cité de Dieu ;* par l'enseignement infaillible du saint et savant concile de Trente ([2]), qui présente à la vénération des fidèles les reliques des martyrs et autres

---

salutiferos fontes præbuit, ex quibus plurima ad nos beneficia manant, suavissimumque unguentum profluit, etc., etc. — SAINT JEAN DAMASCÈNE, *Ex tractatu de fide orthodoxâ*, lib. IV, cap. 16.

([1]) *Cité de Dieu*, tom. III, liv. XXII. Saint Augustin y rapporte plusieurs et divers miracles opérés sur le tombeau des Saints, et dont il avait été, avec d'autres vénérables personnages, le témoin oculaire.

([2]) Sanctorum quoque martyrum, et aliorum cum Christo viventium sancta corpora, quæ viva membra fuerunt Christi, et templum Spiritûs Sancti, ab ipso ad æternam vitam suscitanda et glorificanda, in fidelibus veneranda esse; per quæ multa beneficia à Deo hominibus præstantur, etc., etc. — *Ex concil. Trid., sessio* XXV, *de reliq. Sanctorum.*

saints, et par lesquelles le Seigneur se plaît à accorder aux hommes beaucoup de secours et de grâces.

En présence de tous ces motifs qui excitent vivement sa foi, le chrétien ne pourrait-il pas ajouter, en vérité, s'il lui était modestement permis de révéler le travail de la grâce, l'accomplissement en lui de ces paroles de saint Basile : *Celui qui aura touché le corps d'un martyr ou d'un saint, devient comme participant de sa sainteté* ([1]).

XII.

Cependant n'allez pas craindre ici pour le pèlerin quelque chose de cette horreur naturelle

---

([1]) On était immonde, sous la loi mosaïque, toutes les fois qu'on touchait un corps mort ; mais on était sanctifié en touchant ce qui avait été offert à Dieu en sacrifice : *Quidquid tetigerit carnes ejus, sanctificabitur.* Il semble que la sainteté de celui à

qu'on éprouve malgré soi auprès d'un tombeau,
serait-ce le tombeau d'un roi, d'un ami, d'une
épouse, d'un fils, d'une mère; non, non. Ici
rien de semblable ne viendra effleurer l'âme du
pieux pèlerin. Nous en appelons aux impressions
de ceux qui ont fait une visite religieuse à l'un
de ces tombeaux vénérés. Ils nous diront unani-
mement qu'auprès d'une de ces châsses chacun
s'approche avec empressement; on la regarde
avec vénération, on la baise avec respect; on se
croit heureux de la toucher du bout du doigt,
d'y appliquer un instant son chapelet ou sa mé-

qui les victimes ont été offertes, immolées, répande
une vertu divine sur tout ce qui l'approche. Combien mieux se répand sur nous cette vertu divine,
en touchant, avec un respect qui *remonte à Dieu,*
les reliques de ces hommes qui se laissèrent
immoler à sa gloire! Saint Basile n'a donc pas
exagéré quand il a dit: *Qui titigerit ossa mar-
tyris, fit quodammodo particeps sanctitatis.*

daille, son livre, son voile ou son mouchoir. On veut en avoir quelques reliques ; on la quitte avec regret, on y reviendrait cent fois, et chaque fois il s'échappe de ces tombeaux, et se répand dans l'âme, on ne sait quoi de mystérieux, d'ineffablement doux, qui ranime la foi, excite la confiance, et pénètre d'une telle onction, que tout devient facile et agréable au cœur du chrétien.

Mais, nous dira-t-on : cette châsse ne renferme-t-elle pas une chair desséchée ? Oui ; mais le pèlerin sait aussi que les saintes austérités de la pénitence l'avaient tant de fois meurtrie, purifiée. N'y voit-on pas des os brisés ? Oui ; mais il sait qu'un tyran barbare, inhumain, exerça sur eux, en haine de Jésus-Christ, toute la fureur de son âme et la force de son bras......... Ce n'est plus qu'un peu de poussière ? Oui ; mais il sait qu'elle fut religieusement recueillie par la piété de généreux fidèles, et il se dit dans la foi de son âme :

C'est ici la cendre d'un brûlant apôtre qui allait, une croix à la main, parcourant le monde, présentant à toute créature le trésor de l'Evangile, et ne soupirant qu'après le coup du martyre qui le réunirait à jamais avec Jésus-Christ. C'est *ici* la cendre d'un juste, toujours grand dans les petites choses, qui retraçant en sa vie la vie de son Sauveur, ne cessait de répandre autour de lui, avec l'odeur suave des plus belles vertus, les bienfaits de son inépuisable charité. C'est la dépouille vénérée d'une vierge, au regard pur et céleste. Elle fuyait, comme la chaste colombe, la fange impure de ce monde, et, comme elle, ne sachant où aller poser son pied, elle cherchait le creux du rocher ; elle se réfugiait dans le cœur de son divin époux, ou elle le suivait partout, attirée par l'odeur de ses célestes parfums (¹).

(¹) Virgines enim... sequuntur agnum quocumque ierit... sine maculâ enim sunt. — *Apoc.*, ch. 14.

Voilà le trésor que la foi du pèlerin sait découvrir dans la châsse des Saints : le *passage de Dieu*, *l'impression de la grâce*, le *cachet d'une gloire prochaine et immortelle*. Or, à la vue de ce qui ne rappelle que le souvenir des émanations célestes, le souvenir de mille vertus, le souvenir de la charité, de l'innocence, de la douceur, son âme pourrait-elle éprouver le plus léger effroi? Goûtez, et voyez à votre tour !

XIII.

L'impératrice Hélène, au quatrième siècle, avait compris les précieux avantages que le chrétien pouvait trouver, pour l'âme et le corps, auprès de ces lieux vénérés et si chers à la foi chrétienne, lorsqu'elle voulut honorer et rendre célèbres les saints lieux de Jérusalem et de toute la Terre-Sainte. Ainsi, vers l'année 326, elle visita la Palestine, quoiqu'elle fût âgée de près de 80 ans. Elle entra en sollicitude pour trouver la croix du divin Sauveur. Elle interroge, elle écoute, elle fouille, elle trouve le saint sépulcre, la *vraie croix*, et à côté de cet arbre de vie les clous qui avaient servi au crucifiement de l'adorable victime, et le *titre* que la force de la vérité avait arraché à l'aveuglement de Pilate, et dont ce lâche gouverneur ordonna prophétiquement et à son insu la conservation et le maintien (¹).

Hélène bénit son Dieu d'avoir daigné bénir ses désirs et ses efforts : et dans ce même endroit où les païens, en haine du christianisme, avaient bâti un temple de *Vénus*, élevé une statue de Jupiter ; dans ce même endroit où s'était accompli le mystère glorieux de la résurrection, la pieuse

(¹) L'inscription qui fut mise au haut de la croix, portait ces mots : *Jésus de Nazareth, roi des Juifs.* Les princes des prêtres dirent à Pilate : *Ne mettez pas roi des Juifs, mais qu'il se dit roi des Juifs.* Pilate leur répondit : *Ce qui est écrit est écrit. — Evang. de Saint-Jean,* chap. XIX.

impératrice fonda une église et y déposa avec une
grande vénération la sainte croix, renfermée dans
un étui extrêmement riche. Elle en envoya une
partie à l'empereur Constantin, son fils, qui la
reçut à Constantinople avec beaucoup de respect ;
et une autre partie à Rome dans l'église qu'elle
fonda dans cette ville, sous le nom de *sainte
Croix de Jérusalem.*

Les actes solennels de la dévotion de sainte
Hélène pour Jérusalem et les autres saints lieux,
ne passèrent pas inaperçus sous les yeux de l'univers catholique. Ils furent comme un appel éloquent à la piété des fidèles. Aussi saint Jérôme ([1])
qui vivait en ce même temps, nous révèle avoir
vu de ses yeux un concours éminent de pèlerins
sur les lieux de la Terre-Sainte. Il nous apprend

([1]) Saint Jérôme, né à Stridon, sur les confins de
la Dalmatie et de la Pannonie, vers l'an 331, mourut
à la 89ᵉ année de son âge, en 420.

qu'il en accourait de toutes les parties du monde de l'empire romain.

De quel œil l'Eglise voyait-elle cet empressement? L'Eglise, qui a la mission de ranimer de plus en plus dans le cœur de ses enfants le souvenir de la vie, de la passion, de la mort de Jésus-Christ, son époux, l'Eglise voyait avec joie ces pieux et salutaires voyages. Elle les encourageait et les favorisait de toute son influence. Elle accordait aux pèlerins les indulgences les plus riches et les plus abondantes. Elle les excitait à entrer dans cette voie d'expiation et de salut; et quand le moment présenté par la divine Providence fut venu, on connaît les établissements célèbres qu'elle se plut à fonder. Elle établit ces ordres religieux et militaires (¹), principalement

(¹) La première croisade, commandée par Godefroi de Bouillon, duc de la Basse-Lorraine, fut signalée par plusieurs institutions. On créa trois ordres religieux et militaires, dans le noble but de protéger

dans le but de protéger la marche des pèlerins à la Terre-Sainte, contre les *Sarrasins* et les *Musulmans*. Elle applaudissait aussi, comme elle applaudit toujours, aux pieuses visites que l'on faisait et que l'on fait encore, soit au tombeau de tant d'illustres et bienheureux serviteurs de Dieu,

les pèlerins, et autres fins charitables... C'étaient :

1° Les hospitaliers ou Johannites (ordre de Malte), fondés par Gérard de Martigues, 1100, dont Raymond du Puy fut le premier grand-maître, et que Bonaparte détruisit en 1798.

2° Les Templiers, qui eurent pour fondateur Hugues de Payens, 1118, et dont l'ordre fut aboli par Philippe-le-Bel, l'an 1314.

3° L'ordre Teutonique, établi plus tard par Henri-Walpot, 1190 : il en fut le premier grand-maître. Il se signala par plusieurs actions de bravoure contre les infidèles en Palestine. Henri, issu d'une maison illustre du Rhin, mourut le 24 octobre de l'an 1200, à Saint-Jean-d'Acre, où il fut inhumé dans l'église qu'il avait fait bâtir.

soit aux divers sanctuaires que, dans des circonstances providentielles, la piété du chrétien à élevés à la gloire de la Sainte-Vierge ([1]).

[1] Sous le souverain pontificat de Libère, vivaient
à Rome et sans postérité deux nobles époux chrétiens. Ils vouèrent leur héritage à la Très-Sainte
Vierge, demandant à cette mère de Dieu, par des
prières aussi ferventes qu'assidues, de leur faire
connaître en quelles œuvres pies elle avait pour
agréable que leur richesse fût employée. *Marie* se
montra favorable à leurs désirs par un miracle
étonnant. Ainsi le cinquième jour du mois d'août,
en ce temps où les chaleurs sont excessives dans
la ville de Rome, une partie du mont Esquilin se
trouva couverte de neige pendant la nuit. En cette
même nuit la mère de Dieu avertit séparément les
deux époux, dans un songe, de lui bâtir une église,
sous le nom de *Vierge-Marie*, dans le même lieu où
ils verraient que la neige était tombée, et que c'était
ainsi qu'elle voulait être instituée leur héritière.
Le mari, noble patricien, vint avertir de toute
chose le pape Libère, qui assura en avoir déjà

XIV.

Le pèlerinage chrétien présentait à l'âme, sans nous occuper des biens temporels, de trop précieux avantages pour qu'il n'excitât pas les clameurs des ennemis de la piété chrétienne. Aussi que n'a pas dit et ne dit pas encore sur ce sujet, la malice ou la mauvaise foi? Nous ne relèverons ici que les récriminations les plus ordinaires.

été instruit par un même songe. Un immense concours de prêtres et de peuple se rendirent en grande dévotion sur le mont *Esquilin.* Là fut bâtie, aux frais généreux des deux époux, l'église qui dans la suite des temps a subi plusieurs dénominations, et connue enfin sous le nom d'église de *Sainte-Marie majeure.*

Nous ne parlerons point de l'église que l'on vient à peine de terminer, et qui est bâtie à la *Salette,* à l'endroit même où Marie apparut aux deux jeunes et fortunés bergers. Ce fait miraculeux, aujourd'hui incontestable, est de nos jours.

N'est-ce pas, dit-on, une superstition éclatante d'aller en dévotion visiter des ossements
arides et poudreux? Si leur vue peut inspirer
quelques sages réflexions, au moins est-il que ces
ossements ne peuvent renfermer aucune vertu,
toute puissance ne venant que de Dieu.

Sans doute, et le catholique sera toujours le
premier à le reconnaître, sans doute toute puissance vient et ne peut venir que de Dieu ; sans
doute toute bénédiction découle et ne peut dé-
couler que de l'être infiniment parfait, souverainement bon et seul bon. Qui donc oserait le nier?
mais par suite de ce même principe, qui jamais
oserait refuser à ce Dieu dont on reconnaît l'om-
nipotence et l'infinie bonté, le pouvoir d'attacher une vertu quelconque à tel ou tel être de
la création? Ne serait-ce pas blasphémer? ne
serait-ce pas nier un fait aussi visible qu'il est
constant dans la nature?

D'où lui vient, au soleil, cette lumière et

cette chaleur qu'il nous transmet? Au flanc de la montagne, le trésor de ces eaux minérales ou thermales dont la vertu mystérieuse opère tous les jours tant de guérisons aussi incontestables qu'inespérées? A la plante, ce fruit succulent qu'elle laisse tomber comme un hommage, ou tribut, dans la main royale de l'homme? n'est-ce pas de Dieu? n'est-ce pas de sa main puissante et paternelle, qui a répandu dans l'univers une vertu variée pour l'entretien ou l'utilité, un l'agrément de notre vie? Or, en présence de ces prodiges sans cesse renaissants, faut-il s'étonner que ce Dieu de puissance et de bonté ait pu, ait voulu attacher une certaine vertu là où il lui a plu de l'attacher, voire même sur la cendre et la poussière? Qu'il l'ait pu, le philosophe honnête et sincère ne saurait le nier, lui qui nous dit s'incliner d'adoration devant l'être souverainement parfait. Qu'il l'ait voulu, l'hérétique est forcé de l'admettre, s'il ne veut se mentir à lui-même.

Ne nous répète-t-il pas sans cesse qu'il est plein
de vénération pour la Sainte-Ecriture? Or, qu'y
lisons-nous? quelques citations textuelles suffi-
ront à notre thèse :

« Lorsque les mouchoirs et les tabliers qui
avaient touché le corps de Paul étaient appli-
qués aux malades, ils étaient guéris de leurs ma-
ladies, et les esprits malins sortaient de ceux qui
en étaient possédés (¹).

« Le peuple apportait des malades dans les
places publiques et les mettait sur de petits lits
et sur des couchettes, afin que lorsque Pierre
passerait, son ombre au moins couvrît quelqu'un
d'eux, et qu'ils fussent guéris de leurs mala-
dies.

« Un grand nombre de personnes accouraient
aussi des villes voisines à Jérusalem, amenant
avec eux des malades, et ceux qui étaient pos-

(¹) *Actes des Apôtres*, chap. xix, verset 12.

6

sédés par des esprits impurs; et ils étaient
guéris ([1]). »

Nous ne dirons rien, dans une pensée d'abré-
viation, ni de cette branche qui change, en faveur
des Hébreux dans le désert, l'amertume des eaux;
ni du serpent d'airain, dont la seule vue guérit
des morsures venimeuses; ni du manteau d'Elie,
qui suspend le cours d'un fleuve; ni du tombeau
d'Elisée, qui restitue à la vie et remet sur ses
pieds le cadavre de ce passant que des voleurs
viennent d'assassiner.

D'après ces citations évangéliques, dont il serait impossible de nier la rigoureuse fidélité, il
est donc évident que le Seigneur daignait, du
temps des apôtres, appliquer à quelques-uns de
leurs habits, à l'ombre même de Pierre, une vertu
surnaturelle. Mais ce qu'il pouvait alors, ne le
peut-il encore? « Celui, disait saint Jean de

([1]) *Actes des Apôtres*, chap. v, versets 15 et 16.

Damas, au huitième siècle, celui qui, pour son peuple dans le désert, fit jaillir d'une roche aride une source abondante, et plus tard aussi, de la mâchoire d'un âne, une eau rafraîchissante pour la soif de Samson, ne pourra-t-il pas, sans blesser notre délicatesse intellectuelle, retirer un agréable parfum des reliques des Saints (¹)?

Concluons avec ce saint et savant prêtre, qui a eu chez les Grecs le même rang que Pierre Lombart et saint Thomas parmi nous, concluons : Oui certainement le Seigneur a toujours le même pouvoir; oui, il peut appliquer une bénédiction salutaire pour notre corps, pour notre âme, à la croix qui but son sang, aux clous qui pénétrèrent

---

(¹) Si aqua in deserto ex asperâ et solidâ rupe, atque ex asini maxillâ ad sedandam Samsonis sitim, Deo itâ volente, prosiliit, erit ne, cur cuiquam incredibile videatur, ex martyrum reliquiis suave unguentum scaturire? minimè certè. — Saint JEAN DAMASCÈNE, *de fide orthodoxâ*, lib. IV, cap. 16.

sa chair sacrée, aux ruines vénérables d'un corps
qui fut son temple, et que l'âme pure, qui l'animait, immola si longtemps à la gloire de son
nom, à la charité pour des frères. Non-seule-
ment il le peut, mais encore il continue de le
faire en faveur de ses enfants; et nous savons,
nous, enfants de l'Eglise catholique, nous savons
combien sont fréquents et authentiques les prodiges qui s'opèrent par sa bonté sur le tombeau
de ces Saints, ou dans le sanctuaire vénéré de
Marie. N'eussions-nous à citer que les miracles
opérés à Pibrac, sur le tombeau de la bienheu-
reuse Germaine ; que le nombre si considérable
des témoins de ces prodiges, qu'on a le droit d'appeler *presque quotidiens,* que nous sentirions le
besoin de publier ici avec une conviction qui nous
pénètre : que le Seigneur est admirable dans ses
Saints ! Il a rendu leur tombeau glorieux, par les
enseignements qu'il nous y donne avec tant de
clarté, par les leçons qu'il nous y fait entendre, les

sentiments qu'il nous y inspire, la protection qu'il nous y accorde, les faveurs insignes qu'il y répand. Nous irons donc vénérer les reliques des Saints, et l'hommage que nous rendrons à ce qui a glorifié Dieu sur la terre, se rapportera toujours à celui à qui toute gloire est due, dans le temps et l'éternité.

XV.

L'ennemi de notre foi nous pardonnerait peut-être nos visites auprès des châsses des Saints, mû par ce respect intérieur que lui inspire la vue de la tombe d'un père, d'un ami, que la mort vient d'enlever à son estime, à son amour. Mais ce qui l'indigne, c'est le respect religieux que nous professons pour certains lieux. Comment attribuer la sainteté à un endroit quelconque, nous dit-il, au pied d'un rocher, au bas d'une colline, à la gorge d'une montagne !

Ces hardis penseurs ont sans doute oublié ce

qu'ils nous répètent eux-mêmes de leur respect pour la Sainte-Ecriture, ou bien ce que renferment les pages sacrées de visiblement concluant contre leurs récriminations. Qu'ils veuillent enfin se rappeler que la Sainte-Bible, au témoignage de laquelle ils nous renvoient sans cesse, attribue la sainteté aux lieux dans lesquels le Seigneur à daigné faire éclater sa puissance ou marquer sa divine présence. Ici nous abrègerons encore les trop faciles citations.

Moïse, l'an 1494 avant Jésus-Christ, gardait un jour les brebis de Jéthro, son beau-père, sur la montagne qui fut depuis appelée la montagne de *Dieu,* et qui se nommait alors le mont Horeb. Le Seigneur lui apparut dans une flamme de feu qui sortait du milieu d'un buisson qui brûlait sans se consumer. Frappé de cette merveille, Moïse allait s'avancer, lorsque le Seigneur lui dit : Moïse, Moïse : N'approchez pas d'ici ; ôtez les souliers de vos pieds, parce que le lieu où vous êtes est une *terre sainte* (¹).

Le tabernacle et le temple ne sont-ils pas appelés le *Lieu saint* ? Jérusalem et le mont de Sion ne sont-ils pas appelés la ville et la montagne *sainte* ? n'y avait-il pas dans le temple de Salomon un endroit appelé le *Saint des Saints*, et dans lequel le grand-prêtre seul avait le droit de pénétrer une fois tous les ans ?

Qu'on me dise ensuite s'il a été nécessaire que les prêtres et les moines se mêlassent d'inspirer aux chrétiens, pour Jérusalem et autres Saints-Lieux, une dévotion que l'Ecriture-Sainte autorise, que l'éclat de tant de miracles avérés inspire, et qui vient naturellement à l'esprit de tous les peuples ? — « Dévotion, observe un savant controversiste, qui a lieu dans les fausses religions

(¹) Ne appropies, inquit, hùc; solve calceamentum de pedibus tuis; locus enim in quo stas, terra sancta est. — *Exod.*, ch. III, verset 5.

aussi bien que dans la vraie. Ainsi, il passe pour constant que le pèlerinage des Arabes à la *Mecque* ou à la *Cabaa*, qu'ils croient être l'ancienne demeure d'Abraham, est de la plus haute antiquité (¹). »

XVI.

Mais attribuer la sainteté à un coin de terre, à la matière purement inerte, n'est-ce pas revenir aux croyances du paganisme? n'est-ce pas une idolâtrie des plus condamnables?

Ce n'est pas le catholicisme, qui les a détruits, qui travaillera jamais à rétablir le paganisme et l'idolâtrie. Il rapportera toujours tout à Dieu, et publiera hautement et partout, que lui seul est bon, que lui seul est saint; et de ces pensées il ne s'écarte pas un instant, en appelant *saints* les lieux que le Seigneur lui-même appelle de ce

(¹) *Diction.* de BERGIER, article: *Pèlerinage.*

nom ([1]). Mais quel est donc lé sens ou la nature de cette sainteté locale ?

Est-il nécessaire de prévenir ici que le catholique n'entend point parler de la *sainteté* proprement dite, de cette sainteté qui se trouve dans l'âme du juste ; de cet heureux état qui exclut le péché mortel et qui suppose nécessairement, en l'âme justifiée, la diffusion de la charité par l'Esprit-Saint qui lui-même y réside comme dans son temple ([2])? Cette pensée, peut-on la supposer en ces chrétiens fidèles qui ne connaissent d'autre doctrine sur la sainteté que celle enseignée par le saint concile de Trente ([3]) ?

Par *sainteté locale* nous entendons, avec Mé-

([1]) Locus enim in quo stas, terra sancta est. — *Exod.*, cap. III, verset 5.

([2]) *Epître aux Romains*, chap. V.

([3]) Session VI, les XXXIII canons sur la *Justification*.

nochius ([1]) et tous les commentateurs approuvés par l'Eglise, ce respect, cette vénération qu'inspire à notre âme la vue d'un lieu que le Seigneur a daigné honorer de sa présence plus sensible, et sur lequel il a laissé échapper quelques rayons de sa majesté, ou laissé tomber quelques faveurs signalées pour ses enfants. La sainteté n'étant pas inhérente à tel ou tel coin de la terre, ce n'est point à lui que s'arrête notre hommage; mais la vue de ce lieu visité par le Seigneur, excite nos souvenirs et ramène notre âme aux sentiments d'adoration et d'amour dont le Dieu trois fois saint est toujours l'unique objet. Eh! qui pourrait s'en étonner? A la seule vue de la coquille qui servit de berceau pour Henri IV, peut-on se défendre d'un saisissement de respect

---

([1]) In loci et divinæ majestatis reverentiam. — Livre de l'*Exode*, chap. III. *Bible de* CARRIÈRES; *Notes de* MÉNOCHIUS.

et d'amour ? sans doute cette enveloppe célèbre
d'un testacé, que l'on conserve religieusement
dans la ville de *Pau*, n'est point célèbre par
elle-même, mais elle l'est à cause de l'usage
auquel elle a servi, à cause du bon roi dont elle
rappelle l'enfance et les mille qualités chéries par
tout Français.

XVII.

On objecte encore : pourquoi aller dévotement
dans un lieu, de préférence à un autre? Tous
les endroits consacrés à la prière ne sont-ils pas
les mêmes? n'est-ce pas ridicule et superstitieux
de penser que le Seigneur attache des priviléges
particuliers à un endroit quelconque ?

Non, tous les lieux ne sont pas les mêmes,
au point de vue du souvenir ou de la faveur ; et
s'il est en d'ordinaires, il en est certes d'autres de privilégiés. Ainsi dans l'ordre politique
et civil, n'était-ce pas une ancienne maxime de

notre monarchie, que l'esclave devenait libre, sitôt qu'il avait mis le pied sur notre France, après le ciel, dit *Aimé Martin,* la plus belle des patries (¹)? Cette faveur n'a-t-elle pas reçu une nouvelle et plus grande extension, peu de jours après la chute de Louis-Philippe (²)? Ainsi dans l'ordre disciplinaire, n'existe-t-il pas dans notre législation, que celui qui, ayant commis un délit ou un crime sur le territoire français, se réfugie sur un sol étranger, ne peut être recherché par l'autorité française, si ce n'est dans le cas exceptionnel où il existerait une convention d'extradition entre les deux puissances ?

Or, si la politique des gouvernements a attaché

(¹) Cette règle a été renouvelée par la loi du 28 septembre — 16 octobre 1791.

(²) Le principe que le sol de la France affranchissait l'esclave qui le touche, est appliqué aux colonies et aux possessions de la République. — *Décret* du 27 avril — 3 mai 1848.

à un territoire, à un sol, des priviléges insignes,
la liberté, la vie, que le malheureux, innocent ou
coupable, avait perdues, faut-il s'étonner que
le Seigneur ait usé du même droit? faut-il
s'étonner qu'il se soit choisi des lieux pour signaler sa clémence, sa bonté, sa munificence? faut-
il s'étonner que ces lieux se trouvent sur le
théâtre même de la vie, des douleurs, de la mort
de son divin Fils? faut-il s'étonner qu'il se montre plus favorable à nos vœux et à nos misères
dans ces sanctuaires élevés, par la piété chrétienne, à l'amour de Marie, et dans ce même
endroit où cette mère de puissance et de bonté
aura authentiquement reposé ses pieds, ou jeté
un regard de complaisance et d'amour pour ses
enfants? Il faudrait, en vérité, renoncer à bien
des traditions authentiques, à bien des sentiments
universellement reçus, pour oser, dans l'ordre
religieux, confondre tous les endroits de la terre
dans une commune indifférence. Que le chrétien

de bonne foi y réfléchisse ; et sa raison et sa foi lui diront bientôt qu'il doit distinguer, par un plus grand respect, tels lieux que le Seigneur s'est choisis pour y faire plus particulièrement éclater ses faveurs, et s'y montrer plus facilement propice à nos prières et à nos vœux.

XVIII.

Si le pèlerin, pour se mettre en marche, attendait d'avoir répondu péremptoirement à toutes les difficultés que lui présente l'hérétique, il se verrait forcé de renoncer à son pieux voyage. C'est que l'ennemi du pèlerinage chrétien a toujours de nouvelles récriminations à faire entendre. Ainsi, pour attiédir au moins l'ardeur de la vénération et de la confiance qui attirent à la châsse des Saints, il dira : Combien ne s'est-il pas glissé de fausses reliques, que le peuple trompé honore comme véritables ? Que d'abus sur ce point !

Nous répondrous ici avec l'abbé de de Latour, ancien chanoine de Montauban, écrivain laborieux et d'une érudition remarquable :

« Approuvons-nous ces abus? Non, sans doute. L'Église ne néglige rien pour les prévenir ou les détruire ; les évêques, par son ordre, suppriment toutes les reliques douteuses. On n'en expose aucune qu'avec la plus grande précaution. Il faut que des procès-verbaux juridiques, des déclarations authentiques de tout ce qu'il y a de plus remarquable, en attestent la vérité, l'origine et la translation. Il faut que les Lieux-Saints où on les conserve, la châsse où on les renferme, les cachets multipliés sous lesquels on les tient, déposent de leur conservation. L'altération la plus légère suffit pour en interdire l'exposition. S'il se glisse quelques abus malgré ces mesures si sages, faut-il abolir le culte? Ces abus même, en démontrant la tradition de l'Eglise, ne font que la mieux établir. Puisqu'il y a de fausses reliques, il y en a donc de véritables (¹). » La conclusion est évidente.

Mais peut-on nier qu'il ne résulte des abus du pèlerinage des chrétiens?

Non, nous ne pouvons ni ne voulons le nier; — et l'Eglise le reconnaît pour en gémir et y remédier de toutes ses forces. Des abus! Il s'en glisse tous les jours, voire même dans l'usage que certains esprits font de la lecture si sacrée en elle-même de la Sainte-Bible. Des abus! mais c'est le fruit de la passion ou de l'ignorance de l'homme; l'homme salit presque tout ce qu'il touche, et, chose plus étonnante encore que l'existence du mal qu'on nous signale et que nous déplorons! c'est que l'esprit si éminemment destructeur des ennemis de notre foi et de la piété catholique, n'a pas détruit tous les abus. Ah!

(¹) Discours dogmatique sur la *Canonisation des Saints,* par l'abbé de LATOUR.

n'eussent-ils pas mieux fait, commençant par leur cœur, de les retrancher tous, et de laisser subsister une pratique si bien fondée, si utile en elle-même ? n'eussent-ils pas mieux fait, avant de se mettre à l'œuvre des épurations, avant de prendre en main, sans mission aucune, le marteau d'une prétendue réforme, qui a fini par réformer les sacrements et Jésus-Christ lui-même, de travailler sincèrement à présenter dans une vie humble, charitable et modeste, la préface de l'Evangile ? Il est un conseil que donne la prudence : c'est le souvenir pratique d'un axiome moral, plus ancien que l'immortel Fénélon, et que cet admirable écrivain a traduit par ces paroles mémorables : « Le plus grand des abus, ce serait de vouloir détruire tous les abus. »

XIX.

En applaudissant à ces pieux voyages, d'où le fidèle peut retirer, dans l'ordre spirituel et tem-

7

porel , de si précieux avantages, le concile de
Mayence avertit sagement les pasteurs d'écarter
avec soin de ces concours tout ce qui pourrait
nuire à la pureté de la foi, à la sainteté de la
morale (¹).

Nous entrerons dans la pensée de ce pieux
concile, en signalant, quoique succinctement et
par voie d'analyse, les principales qualités d'un
pèlerinage tel que le désire la Sainte Eglise. Ces
qualités, nous les réduirons au nombre de quatre:
la *prudence*, le *recueillement*, la *piété*, la *reconnaissance*.

(¹) Peregrinationes etiam ad certas sanctorum
reliquias, vel ob id christiano populo censemus
permittendas, ut homines ad imitandam sanctorum
pietatem et constantiam vehementiore affectu inci-
tentur, et ut majori devotione se meritis sanctorum
sociari et precibus eorum adjuvari postulent; dum-
modò sedulò caveant pastores ne concursus su-
perstitiosi fiant. — *Ex concilio Mogontino,* anno
1549, can. XLIII et XLIV.

La prudence, qui indique à l'homme et sa fin et le choix des moyens, la prudence doit présider à toutes ses déterminations. *O mon fils !* dit la voix de la sagesse, *ne faites jamais rien sans conseil. Que vos yeux voient toujours la droiture, et que vos paupières précèdent toutes vos démarches* (¹)! Or, le conseil que donne ici la prudence, c'est de proposer à l'imitation du pèlerin la conduite des enfants de Jacob. Ils n'entreprirent leur célèbre voyage en Egypte que sur l'invitation - de leur père, devant la menace d'une imminente famine , avec les secours pécuniaires pour l'achat du froment (²).

Ainsi le chrétien, sage et prudent, n'entreprendra point un pèlerinage par un mouvement purement naturel, pour céder à l'entraînement

(¹) Oculi tui videant recta et palpebræ tuæ præcedant gressus tuos. — *Prov.,* ch. IV.

(²) *Genèse,* chap. XLII.

de la foule, à la satisfaction d'une vaine curiosité, au plaisir d'un voyage récréatif; non, mais
il consultera le Seigneur; il attendra qu'il lui
dise, comme autrefois Jacob à ses enfants: *Allez
en Egypte...* Allez au sanctuaire de Marie...
allez au tombeau, auprès des châsses vénérées
d'un de mes glorieux serviteurs.

Mais à quelle marque reconnaître que le Seigneur invite au pèlerinage? A quelle marque?
Si le chrétien, comme les enfants de Jacob, a le
sentiment de sa misère; s'il craint le triste sort
qui menace son âme; s'il désire prévenir ce
malheur et obtenir, par le crédit des saints, de
nouveaux secours pour ranimer sa foi, sa confiance et sa charité, oh! qu'il se rassure alors.
Ce n'est point l'esprit naturel, c'est la prudence,
c'est le Père céleste qui lui dit: *Partez*. Qu'il
parte donc avec confiance! Son pèlerinage lui
sera profitable, comme aux fils de Jacob leur
voyage auprès de l'intendant de Pharaon.

Cependant, il est une précaution que le pèlerin ne doit point omettre, c'est de prendre au départ la valeur nécessaire pour l'achat du froment. Oui, qu'il parte muni de foi, de confiance et de charité ; que son âme, saintement purifiée dans le bain de la pénitence, présente aux amis de Dieu un titre à leur sainte protection. Sans doute, le Seigneur peut exaucer et il exauce quelquefois les vœux de l'humble pécheur, comme il plut à la magnanimité de Joseph d'accorder *gratuitement,* à ses frères coupables, le blé qu'ils venaient acheter ; mais est-il prudent de compter sur une faveur aussi gratuite ? Et serait-il permis surtout d'espérer, à l'aide des saints, une grâce quelconque de la bonté d'un Dieu dont on voudrait encore rester l'ennemi ? Il est une prière que le Dieu de toute sainteté n'exaucera jamais, la prière d'Antiochus, celle du pécheur obstiné dans sa coupable voie.

XX.

A la prudence, dans la détermination, il faut joindre le recueillement dans la marche. Hélas ! combien de chrétiens qui ont dissipé, dans le cours du pèlerinage, les bons sentiments dont ils étaient pénétrés au départ ! Pour écarter ce malheur, le chrétien entrera dans le recueillement de son âme ; il se souviendra, cheminant, du pieux empressement des bergers à se rendre, sur l'invitation des anges, au berceau du Sauveur. Leurs pensées les précédaient à Bethléem, et ils n'en étaient distraits par aucun des objets qu'ils rencontraient sur leur voie. Ainsi, le chrétien recueilli ne pensera, durant sa route, qu'au but religieux de son pèlerinage. Loin de son esprit toute pensée de dissipation, loin de ses lèvres ces discours où la vertu fait toujours quelques pertes ; loin de ses oreilles ces récits blessants pour la piété, la décence ou la charité.

Est-ce donc que le pèlerin doit devenir sourd-muet? Non, il peut ouvrir l'oreille, mais ce doit être au chant des hymnes et des saints cantiques ou à une de ces conversations que n'auraient point désavouées les disciples d'Emmaüs. Il peut ouvrir ses lèvres, mais ce doit être au profit des la piété, de la charité, ou pour répéter, sur un ton ou un autre, ces paroles du saint roi David : *Seigneur, je m'occupe à chanter vos décrets dans le lieu de mon pèlerinage* (¹).

XXI.

Arrivés enfin devant l'intendant du roi d'Egypte, les enfants de Jacob se prosternèrent humblement à ses pieds, et lui exprimèrent, dans la simplicité de leur âme, le motif de leur voyage (²).

(¹) Cantabiles mihi erant justificationes tuæ, in loco peregrinationis meæ. — Ps. CXVIII.

(²) *Genèse,* chap. XLII.

Ainsi le chrétien est-il arrivé au terme de son pèlerinage : qu'il se prosterne humblement dans le sanctuaire de la Vierge immaculée, notre mère, ou devant la relique vénérée du saint dont il vient implorer le crédit et la protection auprès du Seigneur. Qu'il s'incline d'admiration, à la pensée de la récompense que le ciel accorde à ses fidèles serviteurs, et d'humiliation à la vue de sa misère, au souvenir de tant de lumières et de grâces dont il a si souvent abusé. Qu'il avoue humblement qu'il vient du pays de *Chanaan*, où la famine a pénétré; de cette région où son âme a été appauvrie, ruinée par tant de prévarications (¹). Cependant, qu'il se relève modestement par cette confiance que doit lui inspirer le crédit, la bonté du saint patron qu'il veut inté-

_____

(1) Erat autem fames in terrâ Chanaan.... undè venistis? De terrâ Chanaan. — *Genèse,* chap. XLII, versets 5 et 7.

resser pour lui, auprès du Seigneur, source de toutes les bénédictions.

Le moment de la prière est venu : que va demander le pèlerin ? Se renfermant avant tout dans les trois demandes de cette oraison sublime que Jésus a daigné nous enseigner, il se souviendra, dans ces lieux surtout qui parlent tant de la futilité de la terre, qu'il faut d'abord ambitionner le royaume du ciel, et demeurer dans l'assurance que tout le reste vous sera donné par surcroît (1).

Si le pèlerin se laisse pénétrer de ces sentiments, de ces vœux, comme il placera avant toute chose la gloire de son Dieu ! Comme il demandera vivement le salut et la perfection de son âme ! comme il priera pour sa famille, pour tous les membres de la société chrétienne ! A me-

---

(1) *Quærite primum regnum Dei*, et hæc omnia *adjicientur vobis*. — *Matth.*, chap. VI, verset 33.

BIBLIOTHÈQUE IMPÉRIALE

sure que son âme s'ouvre à ces pieux désirs, elle se remplit d'une confiance plus douce en le crédit des Saints. C'est que, rempli des mêmes vœux qu'ils exhalaient autrefois sur la terre, le pèlerin commence à vivre de la vie des Saints qu'il implore auprès du Seigneur.

Cependant aux trois demandes si pures qu'il vint d'exprimer dans le sanctuaire des Saints, il peut joindre la *quatrième,* qui a pour objet le *pain de chaque jour,* les biens temporels, la guérison d'une infirmité, d'une affliction, d'une peine. Jésus même l'y invite et par ses paroles, et par ses exemples, et par ses divers miracles. Sa bonté n'a-t-elle pas opéré un prodige pour nourrir le peuple sur la montagne? pour guérir le lépreux? donner la vue à l'aveugle, la parole au muet, la force au paralytique? N'a-t-il pas laissé à quelques-uns de ses fidèles serviteurs de reproduire ces mêmes miracles? Saint Augustin ne nous parle-t-il pas, parmi tant d'autres faits,

de cette même nature, du prodige qu'avait demandé et bientôt obtenu Florentius, pauvre
vieillard, qui avait perdu son habit et qui vint,
à haute voix, demander aux *vingt martyrs* le
moyen de le remplacer (¹)?

Oui, le pèlerin peut demander, par l'intercession des Saints, les biens de la terre, tout ce qui
se rattache, dit le catéchisme du saint concile
de Trente, à l'usage des choses terrestres; mais
il doit toujours régler ses désirs, ses intentions,
sur la volonté de Dieu. Il ne regardera donc les
choses terrestres que comme des besoins et non

(¹) Après la prière, Florentius marche en silence,
aperçoit un poisson palpitant sur le rivage; il s'en
saisit, le vend à un nommé Catosus, cuisinier,
pour le prix de 300 oboles. Un anneau d'or se
trouve dans l'estomac du poisson. L'honnête cuisinier le porte au pauvre vieillard : *Voilà*, lui dit-il,
le vêtement que les vingt martyrs vous donnent, —
Cité de Dieu, liv. XXII.

comme des biens, et il ne désirera les obtenir que pour la gloire de Dieu, selon cette parole de l'apôtre : *Quelle chose que vous fassiez, que tout soit pour la gloire de Dieu.* Voilà le seul vœu qu'il soit permis d'exprimer absolument et sans condition.

XXII.

Le pèlerin est au terme de son pieux voyage [1] : il a déposé aux pieds de *Marie* ou du Saint dont il vient d'implorer la puissante protection, ses désirs et ses vœux. De quels sentiments doit-il être pénétré au retour? d'une humble et profonde reconnaissance, soit des grâces qu'il a reçues en ces lieux, soit du profitable refus que

[1] Quand les anciens pèlerins avaient accompli le voyage de la Terre-Sainte, dit Châteaubriand, ils déposaient leur bourdon à Jérusalem, et prenaient pour leur retour un bâton de palmier. — *Itinéraire.*

le Seigneur, qui connaît mieux que nous ce qui nous est avantageux, a sagement accordé à sa prière. Le pèlerin rentrera donc dans ses foyers, imitant la conduite des bergers et des rois Mages. Comme les premiers, *il glorifiera et louera le Seigneur de tout ce qu'il aura entendu, de tout ce qu'il aura vu.* Comme les seconds, il ne rentrera dans sa patrie qu'en *suivant un autre chemin,* une vie nouvelle d'abnégation de lui-même, de renoncement à tout péché, de soumission à la Providence, et d'imitation des vertus de Jésus-Christ, qui est la *voie, la vérité, la vie.*

CONCLUSION.

Le saint évêque de Genève, François de Sales, nous a dit quelque part, dans un langage aussi suave que le souvenir de ses vertus: « qu'on ne sort jamais d'un jardin émaillé de fleurs sans y avoir avec choix composé un bouquet que l'on emporte dans sa main, et dont on se plaît dans la journée à récréer son odorat. »

Si nous n'avons point conduit notre lecteur sur un champ stérile et sans parfums; si nous lui avons présenté quelques pensées salutaires, de quelles fleurs, de quelles vérités composera-t-il son bouquet spirituel? Qu'il nous soit encore permis de lui en indiquer le choix, et de lui dire avec amour : Cher lecteur, prenez et savourez toute votre vie les fleurs symboliques de la *réflexion*, de la *prudence* et du *désir*.

David avouait amèrement que son cœur s'était
desséché comme l'herbe des champs, parce qu'il
avait négligé de prendre la nourriture qui conserve au juste sa vie. Vous, vous éviterez ce
malheur, si vous savourez la *réflexion*. C'est
qu'elle vous rappellera que vous venez de Dieu,
que vous êtes mû en Dieu, que vous n'êtes que
pour Dieu, et non pour vous sur cette terre.
Savourez la *prudence*, mère et gardienne de
toutes les autres vertus, et elle vous indiquera la
fin que doivent se proposer en ce monde vos
pensées, vos désirs, vos démarches, en vous
montrant avec la foi les moyens surnaturels que
vous devez employer pour arriver à votre heureuse destinée. Savourez les *saints désirs* que
la grâce inspire à votre âme. Votre âme n'est-
elle pas inquiète? Et si vous lui avez demandé,
comme David à la sienne, la cause de son in-
quiétude, ne vous a-t-elle pas répondu : Je suis
inquiète et troublée, parce que je suis exilée sur

la terre. Pour apaiser son trouble, laissez-là à ses désirs. Souvenez-vous alors, comme le patriarche Jacob, qui que vous soyez, que vous n'êtes qu'un voyageur sur la terre. Tout passe rapidement autour de vous, comme devant le voyageur, monde, santé, plaisirs, jeunesse. Soupirez donc comme les saints, par la prière, après votre patrie permanente, éternellement heureuse, et faites-vous y précéder par les œuvres de la foi, de la charité chrétienne, répétant avec le prophète : *Seigneur, je m'occupe à chanter vos décrets dans le lieu de mon pèlerinage* (¹).

(¹) Ps. CXVIII.

NOTICE

LE PÈLERINAGE DE LAPEYRIÈRE.

8

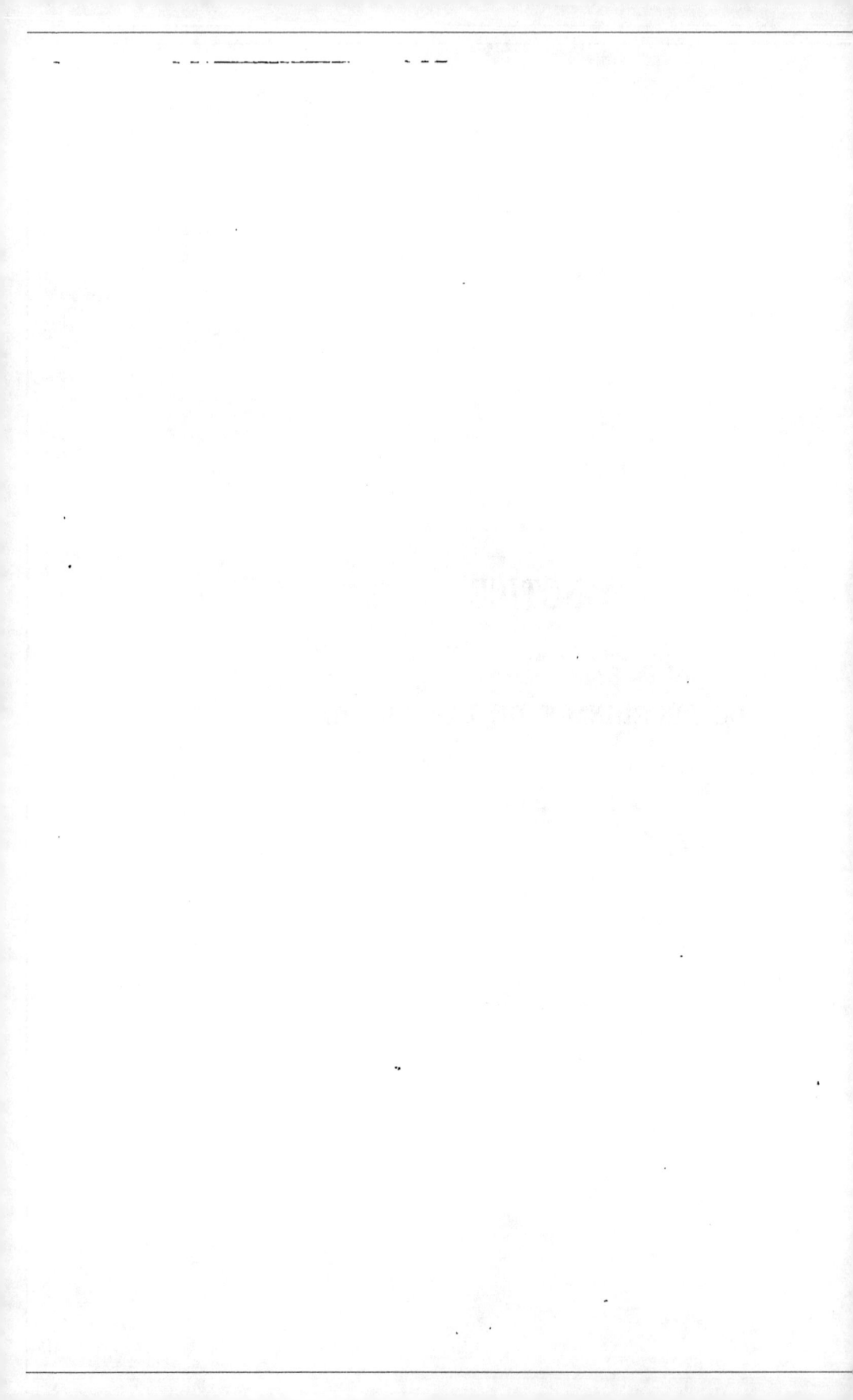

NOTICE

sur

LE PÈLERINAGE DE LAPEYRIÈRE,

Diocèse de Montauban.

I.

Laissant à sa gauche le village de Bessens, que traverse, dans le diocèse de Montauban, la route impériale de Toulouse à Bordeaux, si l'on dirige ses pas vers le nord de son élégant clocher, on arrive à une distance de trois kilomètres environ, par un chemin qui se termine étroit, rapide et pierreux, sur le célèbre plateau de Lapeyrière.

Ici on aimerait d'abord à promener sa vue sur le vaste et magnifique tableau qui, de vos pieds, se déroule sans obstacle au midi de ce point élevé. On aimerait à contempler ce gracieux canal, posé entre les deux lignes infinies de ses peupliers, comme un trait d'union qui vient joindre la Méditerranée à l'Océan ; cette immense et fertile plaine de la Garonne, de ce fleuve rapide qui, dans sa course capricieuse et si souvent torrentielle, n'a jamais d'espérance certaine à laisser à l'habitant de ses rives ; plus loin, enfin, à l'horizon, les deux coteaux si variés, si riches et si populeux de l'active Gascogne.

Mais un sentiment d'indéfinissable tristesse s'empare ici bientôt de l'âme méditative. L'on sent que l'on marche sur des ruines ; que des malheurs seront tombés autrefois sur ces lieux ; que des révolutions haineuses en auront changé la face, troublé la paix et le bonheur, et partant plus de joie douce et pure, là où des cœurs malheureux auront été condamnés à pleurer, à gémir.....

II.

Nous avons plus d'une fois interrogé l'habitant de ce hameau. Il nous répondait sur un ton de tristesse, à laquelle pourtant venait se mêler un peu de cette vanité patriotique que l'on rencontre presque partout, et que l'on pardonne en tout lieu : « Notre hameau n'est plus ce qu'il fut autrefois. Autrefois, ainsi que nous l'ont dit nos pères, il avait ses nombreuses maisons, ses rues, sa place, son château, son seigneur ([1]) qui protégeait toujours au moment de l'infortune. C'était un bourg ; et plus d'un village de ces contrées lui aurait envié son importance. Mais, hélas ! des hommes méchants, nous ont raconté nos

([1]) La tradition a conservé le souvenir, bien oblitéré, des trois derniers seigneurs de Lapeyrière : 1º le comte d'Astorg, qui maria trois filles avec les grandes maisons d'Uzès, de Faudoas, de Clermont-Tonnerre, donnant à chacune d'elles un million ; 2º le sire de Vinsac, qui acheta la seigneurie à la maison d'Astorg ; mais de Boulainvillier, son dernier seigneur, ayant prétendu avoir des droits sur cette

pères, passèrent autrefois en ces lieux, et ils détruisirent tout par le fer et le feu. »

Ces détails incomplets laissent aisément pressentir que le petit hameau de Lapeyrière a dû être le théâtre et la victime de quelque grande catastrophe. Ce pressentiment a sa base ; et les quelques ruines que l'on montre encore en ces lieux, et les quelques traits historiques conservés çà et là, dans les histoires de Montauban, du Quercy, du Languedoc, lui donnent un degré de probabilité qui équivaut, ce nous semble, à la certitude.

seigneurie, de Vinsac la lui céda, avec des arrangements, parmi lesquels fut pour celui-ci un droit de *dilecte*. De cette famille il n'existe plus que Mme de Tappie de Lagraulet, née de Vinsac, dame d'un âge avancé, recommandable par les qualités de l'esprit et du cœur, et que ses nombreux amis voudraient pouvoir toujours conserver à son estimable famille, à tant de pauvres qu'elle protège.

Ainsi, à la gauche et sur le penchant de son plateau, et à cinq minutes de la rive droite du Canal, on montre toujours la place sur laquelle s'élevait le château de Montfourcaud, riche manoir du seigneur de ces lieux. Aujourd'hui ce n'est plus qu'un champ, sur lequel la charrue passe et repasse depuis un temps immémorial. Sur la colline, on voit encore l'endroit où était la vaste maison qui servait de grenier et de décharge au seigneur. Un pan de muraille sur laquelle un pigeonnier est étrangement flanqué : voilà tout ce qui reste de ses ruines. Une inspection plus habile que l'on ferait de ces lieux, où ne se trouvent plus que quelques maisons éparses, conduirait à la conviction plus intime que le modeste hameau de Lapeyrière a dû être tel que nous le représentent la tradition locale et l'*Histoire du Languedoc*, un bourg considérable.

III.

Louis XIII, par arrêt du 25 juin 1617, avait ordonné que l'exercice de la religion catholique serait rétabli dans le Béarn, où il avait été aboli, soixante ans auparavant, par la reine Jeanne d'Albret, mère de Henri IV, et que les ecclésiastiques rentreraient en possession des biens dont elle les avait si injustement dépouillés.

A cette nouvelle, grande rumeur, grande agitation dans les rangs protestants. Les conseils souverains du Béarn et de Pau s'opposèrent vivement à ce décret, qui n'eut effectivement son exécution qu'au mois d'octobre de l'année 1620. Les calvinistes s'émurent; Montauban surtout se livra à une exaspération extrême ([1]). Ces reli-

(1) H. LE BRET, *Histoire de Montauban*, tome II, pag. 116.

gionnaires prirent les armes contre leur souverain. Ils s'assemblèrent à La Rochelle, levèrent
une armée et des impôts, projetèrent la division
de la France en huit cercles fédératifs, et se
fortifièrent dans plusieurs villes (¹). Louis XIII
est obligé de lever le siége de Montauban en
1621. Les calvinistes rêvent alors avec plus de
confiance et d'audace leur projet de république,
et l'extension de ces idées nouvelles qu'ils avaient
adoptées, en matière religieuse, contre cette religion sainte qu'avaient bénie leurs pères. Aussi,
qui peut dire à quels excès ils se portèrent dans
le cours des dix années qui suivirent? Nous regrettons ici d'avoir besoin de soulever un pli de
ce voile que nous voudrions étendre bien épais
sur des actes tant déplorables. Les ressouvenirs
de haine et de sang ne nous conviennent point.

(¹) L. Clausolles, *Précis de l'Histoire de France*,
pag. 217.

IV.

C'était vers le milieu du mois de juillet de l'année 1628 ; c'était peu de mois avant la prise de La Rochelle par le génie de Richelieu : le duc d'Epernon venait d'effectuer dans la Guienne cette retraite qui fut si fâcheuse aux intérêts de son roi. Saint-Michel, à qui le duc de Rohan, principal chef du parti calviniste, avait confié le gouvernement de Montauban, à la place du baron de Villemade, Saint-Michel profita de l'éloignement d'Epernon. Activement aidé, dans sa haine contre les royaux et les catholiques, par son frère de Lanes qui vint le joindre avec des volontaires, il se répand dans la campagne, ravage les environs, sous les yeux des troupes que le duc avait laissées dans Montech, Saint-Porquier et Escatalens ; il attaque et force le château de Labastide, livre aux flammes son village, Orgueil, Nohic, le Terme, et opère dans tous ces lieux tant de désastres, qu'un auteur non suspect a consigné dans un écrit que l'on trouve dans la bibliothèque de Montauban, ces paroles explicatives et textuelles : « Au retour, toute la campagne, à droite et à gauche, depuis le Tarn jusqu'à Fronton, par les cendres des métairies, marque notre passage ([1]). »

La torche n'était pas encore éteinte, et la main fanatique qui la portait était ferme et résolue. Ainsi, sur la fin du même mois, la troupe de Saint-Michel vient incendier le faubourg de Monbéqui, depuis longtemps relevé de ses ruines. Elle gravit la colline de Lapeyrière, voisine de ce dernier lieu, et lui fait subir le même sort. Le bourg de Lapeyrière est donc réduit en cendres ([2])... village infortuné qui se ressent tou-

([1]) L'*Estat de Montauban*, par Pierre BERAULD, pag. 83.
([2]) *Histoire du Languedoc*, tom. v, pag. 566.

jours du coup qui le frappa et qui jamais n'a pu relever sa tête. Si quelque chose pouvait ajouter à sa douleur, au moment où il disparaissait sous la flamme, c'était sans doute de voir le fameux Pierre Berauld ([1]), à la tête des fourrageurs, portant des allumettes à son chapeau ; de l'entendre exciter les soldats au meurtre, à l'incendie, et publier qu'il avait reçu *une mission de sang et de feu* ([2]).

Les malheureux habitants de *Lapeyrière* pleuraient inconsolables sur l'affreux désastre qui venait de réduire en cendres leurs maisons, leur

---

([1]) PERRIN, *Histoire de Montauban*, pag. 249. Ce Berauld, que Perrin appelle *brutal achevé,* à qui le consistoire avait refusé la chaire à cause de sa vie licencieuse, était le digne fils de Michel Berauld, moine défroqué et puis ministre de la religion nouvelle.

([2]) H. LE BRET, *Histoire de Montauban*, tom. II. pag. 289.

bourg, leur église, lorsque de nouveaux malheurs allaient encore fondre sur eux, et les rendre témoins d'une scène d'horreur et de carnage des plus déchirantes.

C'était vers le quatorze du mois de septembre, de la même année 1628; c'était peu de jours avant le pillage et l'incendie du château, du bourg et de l'église de Lavilledieu, par l'auteur des désastres que nous venons de signaler (¹) : Saint-Michel sort de Montauban avec cinq cents hommes d'infanterie et deux cent soixante chevaux. Il vient s'embusquer au-dessous de *Canals*. De là il envoya Bergues avec cinquante cavaliers harceler ceux de Grisolles et de Verdun, qu'une

(¹) Le sieur de Latourrette, commandeur de Malte, était alors le seigneur de Lavilledieu. Dans l'église de ce bourg, qui n'a jamais pu se relever de sa ruine, était le tombeau de Baudoin, frère de Raymond VI, comte de Toulouse.

même pensée animait pour le catholicisme et la
royauté (¹). Cette bravade les piqua. Ils se pré-
cipitèrent sur *Bergues* et lui donnèrent la chasse.
Cependant, ayant bientôt découvert l'embuscade
où l'on espérait les faire tomber, ils vinrent se
réfugier dans un village ami , à Dieupentale qui
était animé des mêmes sentiments religieux et
politiques. Pour les attirer dans la plaine, les
calvinistes employèrent une ruse de guerre. Ils
feignirent une fuite, en se dirigeant vers Lapeyrière, aux cendres encore fumantes. La petite
troupe réunie de Verdun et de Grisolles s'était

(¹) Ces deux petites villes amies, et seulement
séparées par la Garonne, sont toujours demeurées
ce qu'elles étaient alors, fidèles à la foi catholique.
Les éléments de saine orthodoxie qu'elles possèdent
l'une et l'autre, font espérer qu'elles ne changeront
jamais, et que jamais ni le calvinisme ni toute
autre nouvelle et fatale hérésie ne prendra racine
au milieu d'elles.

renforcée de quelques catholiques de Dieupentale, de Bessens, de Montbéqui, de Montbartier,
de Finhan, de Montech. Tous réunis, au rapport
de Le Bret, ils formaient une petite armée
d'environ douze cents hommes, sans y comprendre
les femmes et les enfants qui suivaient sans doute
par un de ces motifs naturels qui se comprennent
ici sans peine. Les catholiques se mirent à pour-
suivre l'ennemi provocateur de leur foi religieuse
et politique, mais avec tant de précipitation, que
bientôt ils rompirent leurs rangs et furent mis hors
d'haleine. Saint-Michel fit volte-face, les chargea
vigoureusement, et les mit dans une telle déroute
qu'un grand nombre y trouvèrent une mort cruelle.
« Aucuns se jettent, dit Pierre Berauld, dans
une vigne proche de là, mais pour y être égor-
gés. Les autres, dans une maison sur le penchant
de la colline, mais pour y être forcés et passer
par le feu ou par le glaive. D'autres s'épandent
par la plaine, entre le tertre et la Garonne ;

mais cavalés, atteints, ils sont mis au tranchant de l'épée (¹). »

En décrivant ce désastre, Perrin avoue, le cœur navré, que le massacre qui se fit à Lapey-rière fut si grand, qu'on n'en peut parler sans verser des larmes. Des cris de douleur et d'in-exprimable désespoir, auxquels se mêlaient ceux des nombreux blessés et des victimes expirantes, remplissaient tous ces lieux. C'étaient des fem-mes qui pleuraient leurs maris, des mères leurs enfants, des enfants leurs malheureux pères, des proches leurs parents, leurs amis. Cependant, on y voyait quantité de charriots chargés de morts (²). Hélas ! dans quel état ? Criblés de

(¹) L'*Estat de Montauban*, depuis la page 129 jus-qu'à la page 138.

(²) Lorsque l'on creusa le lit du canal latéral, on trouva au bas de la colline de Lapeyrière, de la monnaie, des éperons, du fer, des épées, des osse-ments humains. Là, sans doute, furent enterrées une partie de ces malheureuses victimes.

blessures, tout empourprés de leur sang, et
réduits par la rage des ennemis à la nudité la
plus extrême. Ce fut, suivant l'expression de
Perrin, qui eut la douleur d'y perdre son frère,
ce fut là *une très-cruelle tuerie*. Et pendant
cette tuerie, le ministre Berauld, comme il nous
l'apprend lui-même, entonnait au milieu de ces
victimes un cantique d'actions de grâce [1].

V.

Mais détournons notre pensée de ces souvenirs de sang et d'horreur, qui, en attristant le
cœur, servent cependant à nous montrer à quels
excès déplorables on peut arriver, alors qu'on se
sépare de cet esprit de douceur et de paix que
Jésus a tant recommandé à ses enfants, et que
ses enfants conservaient toujours dans leur union
intime avec l'Eglise qu'il a fondée, son admirable
personnification sur la terre. Détournons nos

[1] L'*Estat de Montauban*, pag, 138.

9

regards de dessus toutes ces ruines, tristes effets
de l'aveuglement et de la passion, et aimons à
les reporter sur le seul monument de consolation
que l'âme chrétienne puisse trouver en ces lieux.

Entourée çà et là par quelques maisonnettes
de pauvres et laborieux vignerons, ayant à sa
droite et pour plus près voisine l'habitation antique et bien délabrée des pasteurs qui veillaient
autrefois à son culte, à son entretien, une modeste église s'élève sur le plateau de Lapeyrière.
Elle aura été rebâtie probablement, mais sur des
bases plus étroites, dans les jours qui suivirent
l'heureuse et pacifique entrée du cardinal Richelieu dans Montauban, le 20 août de l'année
1629. La vue de ce sanctuaire, malgré les malheurs des temps, a toujours produit sur l'âme du
catholique une impression particulière. C'est
qu'elle rappelle de bien précieux souvenirs, celui
de saint Ferréol à qui elle fut dédiée, celui d'un
célèbre pèlerinage qui s'y faisait des contrées les

plus éloignées. Mais ici, nous l'avouons déjà, bien des ombres viennent nous environner et nous cacher l'identité du patron qu'on y vénérait avec tant de solennité, et l'origine du pèlerinage qui s'y était établi en son honneur.

VI.

Le père Longueval, dans son estimable *Histoire ecclésiastique;* Rorhbacher, dans sa *Vie des Saints;* le *Propre,* du diocèse de Rodez ; le *Martyrologe romain,* édité par Grégoire XIII, et autres historiens ecclésiastiques, nous parlent de deux saints martyrs qui ont porté le nom de *Ferréol.*

L'un, noble Athénien, disciple de saint Polycarpe, évêque de Smyrne, fut envoyé à Besançon pour y prêcher la foi, avec son frère, saint Ferjeux, diacre, vers l'année 178. Il y exerça le ministère apostolique avec un zèle admirable, pendant une trentaine d'années. Ce saint évêque rencontra dans cette ville, dit Adrien Baillet, d'immenses difficultés, dans ce temps où dominaient en ces lieux les idées et les mœurs de Rome, ensevelie dans les ténèbres du paganisme. Cependant le Seigneur, bénissant les travaux de tant de zèle et de charité, saint Ferréol eut le bonheur de convertir à Jésus-Christ, disent Chifflet et les Bollandistes, la moitié des habitants de Besançon (¹). Saint Ferréol et saint Ferjeux furent vivement persécutés. Au milieu des tourments qu'on leur faisait subir, ils continuèrent de bénir le Seigneur-Jésus et de prêcher la sainteté de son nom et de son adorable doctrine. Ils furent poignardés de coups d'alènes, flagellés plus d'une fois, enfin décapités vers l'année 210 ou 212, sous le gouvernement de Claude, dont ils

(¹) Jam medius populus ad hanc religionem conversus est, et colunt Dominum qui ab hominibus crucifixus est. — CHIFFLET, *Histoire de Besançon.*

avaient converti et baptisé la femme. Leurs reliques providentiellement trouvées, l'an 370, dans
une grotte où ils avaient coutume d'aller prier la
nuit, leurs reliques furent religieusement recueillies par saint Agnan, alors évêque de Besançon.
Le Seigneur rendit le tombeau de ces deux saints
glorieux par l'éclat de plusieurs miracles et la
célébrité d'un pèlerinage qui attire continuelle-
ment à leur châsse vénérée, des chrétiens de
toutes les parties de la Franche-Comté.

L'autre saint qui porte le nom de Ferréol est
venu un peu plus tard. Il était tribun militaire et
saintement lié à saint Julien par l'exercice de la
même profession et de la même foi. Rien ne peut
ébranler ses sentiments chrétiens et son attache-
ment à Dieu, ni les séductions, ni les menaces du
gouverneur de Vienne, l'impie Crispin. Persécuté
pour sa foi, meurtri de coups, jeté dans un ca-
chot infect, puis merveilleusement mis en liberté,
le noble et saint tribun retombe bientôt entre les

mains de ses persécuteurs, et reçoit, sous l'empire de Dioclétien et de Maximien, la palme du martyre sur le chemin de Vienne.

Voilà la vie, le martyre des deux saints Ferréol. Qui nous dira lequel des deux homonymes serait le vrai patron de Lapeyrière?

La tradition locale n'a conservé ici que des idées confuses, fausses même sur plus d'un point, et qui ne peuvent convenir à aucun des deux martyrs.

Le bref de l'immortel Pie VI n'étant donné qu'à la fin d'enrichir d'indulgences la confrérie déjà canoniquement érigée en ce lieu, ne nous précise ni la profession ni la dignité du saint patron; et le mandement que donna en cette occasion (1786) monseigneur de Breteuil, ne porte aucune lumière au milieu de ces ombres.

La statuette que l'on conserve dans la chapelle de Lapeyrière est muette comme le bois d'où elle a été tirée. Elle revêt, il est vrai, la forme d'un costume militaire, une tunique, un casque surmonté d'un panache ; mais qui nous dira que celui qui en donna le dessin au statuaire n'aura pas été dans le même nuage qui nous cache l'identité que nous cherchons, et qu'il n'aura pas pris au hasard et sans raisons plausibles le saint martyr de Vienne pour celui de Besançon?

Aux pieds de la statuette, qui ne nous paraît pas avoir un caractère ou des marques d'antiquité, est un petit reliquaire. Que renferme-t-il? cinq reliques, dont pas une au nom de saint Ferréol ; et si la relique de ce saint y a jamais existé, nous assurons n'avoir trouvé nulle part, si ce n'est dans la croyance publique, aucun monument qui attestât de sa présence.

VII.

Ainsi placé sur le domaine de l'incertitude, touchant l'identité du patron véritable de Lapeyrière, nous ne commettrons point la témérité de présenter ici une opinion tranchante. Seulement nous demandons qu'il nous soit permis d'émettre une pensée qui nous poussera peut-être, comme un vent léger, sur la voie de Besançon, plutôt que sur celle de Vienne. Le cœur a quelquefois ses raisons que la raison ne comprend pas, dit Pascal.

Au nombre des cinq reliques mentionnées, il en est une qui porte le nom de saint Claude, évêque de Besançon au septième siècle, et mort en l'année 695, abbé du monastère de Saint-Ouyan. Cette poussière sacrée est du nombre de celles dont l'élévation solennelle fut faite dans l'antique basilique de Toulouse, sous la présidence de monseigneur Charles de Montchal, archevêque de cette ville. Or, en tête des nombreux évêques qui assistèrent à cette pieuse cérémonie, se trouvait l'évêque de Montauban. A-t-on voulu désigner ici monseigneur Anne de Murviel, lui-même, vénérable vieillard d'un âge alors trop

avancé pour supporter un tel déplacement? ou
bien le digne coadjuteur qu'il s'était associé dans
les travaux de l'épiscopat, sur l'invitation du
cardinal de Richelieu, depuis l'année 1636 ?
quoi qu'il en soit de cette induction, il demeure
historiquement certain que monseigneur Pierre
de Berthier eut toujours la sollicitude du diocèse. Animé d'un saint zèle pour la conservation
de la foi, il n'omit rien pour y éteindre l'hérésie
calviniste qui cherchait par tous les moyens à
s'étendre au milieu du troupeau. Sa Grandeur
savait donc, et elle en avait amèrement gémi
devant Dieu ; elle savait les malheurs qu'avaient
éprouvés si longtemps le bourg de Lapeyrière et
les contrées environnantes ; elle savait les efforts
du protestantisme pour s'implanter dans ces
lieux si éminemment catholiques.

Or n'est-il pas vraisemblable que monseigneur
de Berthier, un des plus illustres évêques qui
aient occupé le siége de Montauban, aura porté

un regard de plus grande pitié sur les contrées
que l'ennemi de la foi avait le plus vivement
attaquées? n'est-il pas vraisemblable que sa sollicitude, en gratifiant l'église de Lapeyrière, dédiée à saint Ferréol, premier apôtre de Besançon,
des reliques de saint Claude, un de ses plus
dignes successeurs sur le même siége, aura
voulu en rappeler plus vivement le souvenir
dans l'esprit des fidèles de ces contrées? ranimer
plus vivement leur confiance en ce saint patron
qui, soixante ans auparavant, avait protégé d'une
manière si merveilleuse les catholiques de Besançon contre les hérétiques qui avaient fait
nuitamment irruption dans leur cité ?

Mais livrons au vent ces inductions plus ou
moins fondées. Il n'est plus désormais d'incertitude sur le point qui nous occupe. Monseigneur
Doney, notre illustre et pieux évêque, dont le
zèle pour le triomphe de la foi et de la piété
chrétiennes nous retrace si dignement le sou-

venir de monseigneur de Berthier, a bien voulu
lever toute difficulté. Sa Grandeur, peu de jours
avant d'aller assister à Rome à la publication
solennelle du dogme de l'*Immaculée Concep-
tion* de Marie, a bien voulu obtenir, des châsses
de Besançon, une précieuse relique de saint
Ferréol et de saint Ferjeux. Cette relique authen-
tique, placée dans un élégant reliquaire, en
forme d'ostensoir, annoncera à tous les fidèles
que l'église de Lapeyrière est véritablement sous
le patronage des deux saints et premiers apôtres
de Besançon.

VIII.

Vouloir préciser l'époque et l'occasion de la
naissance du pèlerinage de Lapeyrière, deux
siècles après l'incendie qui réduisit tout en cendres, son bourg et son église, ce serait évidemment tenter l'impossible. Cependant, comme les
grandes manifestations naissent des grandes cau-

ses, et que l'homme ne sent jamais plus vivement le besoin de recourir à Dieu, par la
protection de ses saints, que lorsque, frappé par
l'adversité, il se trouve en face de sa misère et
de son impuissance, il nous a semblé devoir pla-
cer la naissance de notre pèlerinage dans une des
deux circonstances mémorables que nous allons
signaler.

La première est sur la fin de l'année 1628,
peu de jours après cet affreux massacre de
Lapeyrière, où les petites villes de Verdun et
de Montech comptèrent le plus grand nombre de
victimes (¹). Une peste s'étant déclarée à Toulouse, avait tellement gagné aux environs de
Montauban, que Saint-Michel, alarmé, suspendit
ses expéditions belliqueuses. Serait-ce alors que
les contrées voisines de Montauban et de Tou--

(¹) Là périt aussi, dans les rangs des catholiques,
le gentilhomme de Bouloc. — LE BRET, pag. 342,
édition de 1668.

louse auraient commencé le pèlerinage au patron de Lapeyrière? Mais quel en aurait été le point de réunion? Depuis le 14 de ce mois de septembre précédent, l'église de ce triste lieu aurait-elle pu être aussi promptement relevée de ses ruines?

La seconde époque se trouve vingt-cinq ans plus tard. La peste exerça, durant l'année 1653, les plus grands ravages dans le Querci et dans Montauban où elle enleva plus de huit mille habitants. Pour céder à l'effroi de la population qui tremblait à la pensée de toute réunion nombreuse, les chanoines furent obligés de sortir de la ville, et de venir s'établir à Montech, puis à Castelsarrasin, jusqu'à la fin du fléau.

Cependant les contrées voisines de Montauban, Montech, Finhan, Montbartier, Montbéqui, Bessens, Dieupentale, Cauals, n'étaient pas épargnées par la peste. La tradition locale répète encore que les hommes *tombaient et mouraient comme des mouches.* Les voisins, les amis, se saluaient, les parents s'embrassaient comme pour la dernière fois. La désolation était dans tous les cœurs. Alors on se souvint du saint patron de Lapeyrière. De tous les villages voisins on se rendit processionnellement au sanctuaire qui lui est dédié. Saintement préparés par le jeûne, la prière et la confession, les pèlerins parurent avec une attendrissante piété à la table sainte. On pria le saint patron; on émit en son honneur un vœu qui s'est longtemps fidèlement accompli; et le Seigneur, touché de la foi, de la pénitence de son peuple, accorda, par l'intercession de saint Ferréol, la cessation du fléau, au point que depuis ce jour on ne compta plus de nouvelles victimes.

A laquelle des deux époques rattacher la naissance du pèlerinage de Lapeyrière? Nous laissons au jugement du lecteur de prononcer ici.

IX.

Depuis son origine jusques aux jours néfastes de 93, le pèlerinage de Lapeyrière s'était maintenu dans sa première ferveur. Les populations chrétiennes y accouraient des contrées voisines et lointaines. Que de secours divers ne recevaient-elles pas de la protection du saint qui en était l'objet ? que de miracles opérés en ce lieu ! Nous regrettons que les bornes de cette *petite notice* ne nous permettent point d'en relater ici plusieurs des plus éclatants, dont le souvenir vit toujours dans la mémoire des habitants de Lapeyrière et de son voisinage. Nous regrettons surtout de ne pouvoir présenter, dans toutes ses circonstances, la guérison miraculeuse accordée par la protection de saint Ferréol à mademoiselle Guillaumette Fourcade, de Finhan. Toute la contrée sait que cette demoiselle, âgée aujourd'hui d'environ 75 ans, reçut de la protection du saint martyr, que sa digne mère vint implorer avec tant de confiance et d'ardeur, la délivrance totale de la cécité dont elle avait été frappée dès sa première enfance. L'authenticité de ce miracle serait attestée facilement, et par cette demoiselle que la reconnaissance ramène tous les ans au sanctuaire de saint Ferréol, et par des centaines de témoins de Finhan ou du voisinage.

X.

L'antique pèlerinage de Lapeyrière, que l'éclat de plusieurs miracles et la pieuse reconnaissance des populations avaient soutenu si longtemps dans sa première ardeur, s'était sensiblement refroidi dans l'âme des chrétiens, depuis les jours de licence et d'impiété de la grande révolution française. Il reparut, il est vrai, avec la liberté du culte catholique, au commencement de ce siècle; mais, hélas! que les temps étaient changés! Rien qui retraçât le souvenir si édifiant des temps

passés. Tout se réduisait en une procession an-
nuelle que la seule paroisse de Bessens faisait
sans pompe et sans éclat au patron de Lapeyrière. Disons-le sans pensée d'offense : ce n'était
plus que le froid accomplissement d'un vœu, émis
par les ancêtres, et dont quelques rares descen-
dants semblaient n'avoir pas encore perdu l'entier
souvenir.

Néanmoins, la dévotion à saint Ferréol avait
jeté dans le cœur des populations voisines de
Lapeyrière de trop profondes racines, pour qu'elle
pût en être arrachée, même par l'ouragan révo-
lutionnaire. Sopitée dans les âmes, pour être
réveillée et retrouver quelque chose de son antique ferveur, il semble qu'il ne lui fallait qu'une
occasion providentielle. Le Seigneur la fit naître;
et le digne pasteur de Bessens, qui depuis longtemps l'appelait de tous ses vœux, la seconda
avec autant de zèle et de piété que de généreux
dévouement.

XI.

C'était vers le mois d'août 1854 : le choléra-
morbus, ce terrible fléau que la main de la justice
divine promenait depuis plus de 20 ans sur plusieurs points de notre France, frappait la ville
de Toulouse, qui n'osait plus hautement avouer
le nombre de ses victimes. Or, tremblant pour son
troupeau, si voisin de cette ville, désireux surtout de l'établir de plus en plus dans la pratique
plus fidèle des devoirs religieux, M. Dufaur,
curé de Bessens, tourne des regards de confiance
et de supplication vers le patron de Lapeyrière.
Il communique sa pensée, ses désirs à un
chanoine de Montauban, son ami. Encouragé
par la bienveillante approbation de son vénérable et pieux évêque, l'ecclésiastique invité
se rendit, vers le milieu du mois de septembre
1854, sur la paroisse de Bessens. Il entretint,
pendant trois jours, les habitants de cette paroisse

de tout ce qui pouvait se rattacher à la connaissance du saint patron qui avait si merveilleusement protégé leurs pères, de sa vie, de ses vertus,
de son martyre, de son crédit auprès du Seigneur,
et des règles de la dévotion qu'on doit lui porter.
Ce modeste *triduum*, qui n'avait de remarquable que la simplicité des détails historiques et
religieux, excite la curiosité des auditeurs; et
tourne pieusement leur âme vers saint Ferréol.

Ainsi le matin du second jour de ce *triduum*,
l'église de Bessens s'emplissait de paroissiens du
village et de l'annexe de Lapeyrière, tous en
habits de fête et avec la joie pure du pèlerin. Ils
s'acheminent tous au son de la cloche, bannière
déployée; et au chant des hymnes et des cantiques, vers le lieu célèbre de l'antique pèlerinage.
On arrive dans l'ordre le plus parfait sur le plateau de Lapeyrière. Les nombreux pèlerins s'y
voient avec une édifiante surprise devancés par
un immense concours de fidèles, venus des pa-

roisses de Canals, de Campsas, de Dieupentale,
de Montbéqui, de Finhan, de Montbartier, de
Verdun. Quel spectacle ! on eût dit une résurrection de ces heureux jours où les miracles de
saint Ferréol attiraient dans son sanctuaire cette
foule immense et chrétienne de suppliants qui
s'en retournaient toujours bénis. Les quelques
vieillards qui avaient vu l'antique pèlerinage et
qui, avant de descendre dans la tombe, ont eu le
bonheur d'être témoins de cette nouvelle mani-
festation, croyaient au retour du bon vieux temps.
Ils en étaient profondément attendris, et les
larmes de leur pieuse émotion en firent couler
bien d'autres d'une égale douceur.

Rien ne manquait à la fête. Une messe fut so-
lennellement chantée, la parole de Dieu annoncée,
le pain eucharistique largement distribué, et
grand nombre de chrétiens demandèrent la faveur
d'être attachés à la confrérie du saint patron. De
tous les cœurs il s'échappa le vœu de voir réta-

blir la dévotion solennelle, comme autrefois, au saint et puissant martyr.

Depuis cet heureux jour, le digne pasteur de Bessens n'a rien négligé pour seconder le désir religieux des populations voisines, et rétablir dans son antique édification le pèlerinage au saint patron de Lapeyrière. Grâce à son généreux dévouement, grâce à la pieuse coopération de quelques âmes chrétiennes, la modeste chapelle de saint Ferréol a déjà reçu une digne transformation. La main de l'ouvrier en a réparé les ruines et a décoré l'intérieur. Au-dessus de l'autel du sanctuaire s'élève déjà le remarquable tableau dans lequel un peintre habile a retracé le double et touchant martyre des saints patrons, Ferréol et Ferjeux.

Nous arrivons enfin au dernier mot de notre notice, et ce *mot* est un foyer de bénédictions. Puissent tous les fidèles de ces lieux, qui rappellent à la fois et tant de malheurs et tant de

piété solide, vivre de la vie sainte de leurs aïeux,
et de leur confiance en le saint patron de Lapeyrière ! Puissent – ils s'attacher comme eux,
d'esprit et de cœur, à la religion sainte qui les
tenait toujours unis à leurs devoirs chrétiens et
à leur Dieu ! Ce vœu de salut, nous le for-
mons de toute l'ardeur de notre âme, pour
tous les fidèles de ces contrées connues et
amies, mais à un degré de plus pour ce troupeau mille fois béni qu'un large bouquet de peupliers dérobe depuis longtemps et pour toujours
à nos yeux....

Errata.

Page 40, ligne 12, écart, *lisez :* étroit.

Page 66, ligne 15, éminent, *lisez :* immense.

Page 85, ligne 3, avait perdues, *lisez :* aurait perdus.

Page 88, ligne 8, à tous les jours, *ajoutez :* partout.

Page 98, ligne 8, vint, *lisez :* vient.

BIBLIOTHÈQUE IMPÉRIALE IMPR.

BIBLIOTHEQUE NATIONALE DE FRANCE

3 7531 04425944 9

www.ingramcontent.com/pod-product-compliance
Lightning Source LLC
Chambersburg PA
CBHW072109090426
42739CB00012B/2898